Bibliografische Informatio.

Die Deutsche Bibliothek verzeichnet diese Publikation in der Deutschen Nationalbibliografie.
Siehe http://dnb.ddb.de.

Copyright© der Originalausgabe 2018
beim GTEC Verlag, Internet: www.gtec.asia
96277 Beikheim, Bayern, Deutschland.
Illustrationen, Grafiken: GTEC Verlag
Cover-Gestaltung: Adrian Zuerl
Redaktion: Karlheinz Zuerl
Druck und Versand: in Deutschland

ISBN 9783939366683

Inhaltsverzeichnis

1 Einleitung

1 Einleitung

Aus der Serie „Erfolgreich in China"

CHINA BUSINESS –   Die 50 besten Marktlücken
Die besten Ideen direkt zum Umsetzen geeignet

Autoren: ´
YUAN Kang Han
KRUSE Peter

ISBN 9783939366683

Die Autoren:

KangHan YUAN leitete verschiedene internationale Projekte bei namhaften Originalherstellern in Europa, Amerika und Asien. Seit über 20 Jahren berät, trainiert und unterstützt er Unternehmen bei deren Qualitätssicherungs-, Einkaufs- und Verhandlungs-aktivitäten in Asien, hauptsächlich in den Bereichen Automobilbau, Maschinenbau, Elektrik und Elektronik. Durch seine beruflichen Tätigkeiten in Asien und den dadurch notwendigen Reisen und Gesprächen findet er laufend gute Geschäftsideen, die er zum Umsetzen geeignet findet und noch niemanden erzählt hat.

Er ist neben seiner Geschäftstätigkeit auch seit 1999 Autor deutschsprachiger Fachbücher und Veröffentlichungen sowie Autor englischsprachiger Bücher für Schulen, Universitäten und Industrie.

Peter KRUSE arbeitete von 2007 bis 2013 in Shanghai. Er war dort tätig als evangelischer Pastor (entsandt von der Evangelischen Kirche in Deutschland) für die Deutschsprachige Ökumenische Gemeinde (www.dcgs.net), ebenfalls als Projektmanager für die AHK Shanghai und als Coach and Familientherapeut bei Bosch Shanghai (und anderen Unternehmen). Die Gruppe der dort lebenden deutschen Expatriates stand im Focus seiner pastoralen und therapeutischen Tätigkeit. 2014 folgte ein längerer Arbeitsaufenthalt in Peking. Meist zweimal im Jahr besucht Peter KRUSE China für Projekte mit der Tongji Universität oder der AHK, für Vorträge und Projekte u.a. auch mit Huawei. Er lebt und arbeitet als Coach und Psychotherapeut/HP in Würzburg.

Kontakt beider Autoren über den Verlag.

Vorwort

Der Aufbruch zu neuen Märkten geschieht oftmals durch Anpassung an die modernen weltirtschaftlichen Rahmenbedingungen und Kulturen. Besondere Herausforderungen erwachsen aus der andersartigen Kultur Chinas und die für Ausländer schwer erkennbaren Marktlücken. Wer hier fehlinvestiert muss meist den Rückzug antreten.

China ist schon lange nicht mehr nur eine verlängerte Werkbank, die die Teile in China produziert und wieder ins Ausland exportiert, sondern China hat sich zu einem außergewöhlich großen innovativen Markt erwickelt. Dieses Ebook hat die besten 50 dieser Marktlücken identifiziert. Darin werden die Hintergründe nachvollziehbar erklärt und Wege zur Umsetzung aufgezeigt.

Dieses Ebook setzt die China-Reihe „Erfolgreich in China" fort und baut auf diese auf. Wir empfehlen daher auch weitere Informationen über China einzuholen, wenn eine Investition und eine Chinareise geplant ist.

Wer zu den einzelnen Marktlücken weitere, tiefergehende Information benötigt oder eine Investition bzw Firmengründung in China zu einem dieser Marktlücken plant, finanzielle oder fachliche Hilfe benötigt, nimmt am Besten direkt Kontakt zu den Autoren über den Verlag auf oder sucht andere Servicedienstleister. Mit Hilfe deren Erfahrungen im Chinageschäft gelingt der schnelle und preisewerte Markteinstieg um die vorhandenen

Marktlücken zu schließen und um Fehlinvestitionen bzw „Fettnäpfchen" zu vermeiden.

Die erste Auflage wurde als Ebook im PDF Format mit der ISBN Nummer 978-3-939366-03-4 veröffentlicht.

Die zweite Auflage erschien 2017 mit der ISBN Nummer 978-3-939366-34-1 als Ebook im Epub-Format und bringt für die Leser eine komplett überarbeitete und aktuelle Version auf dem Markt.

Nun im April 2020 kommt endlich das sehnlichst erwartete Taschenbuch auf den Markt.

Shanghai, im Frühjahr 2020
Kang Han YUAN
Peter KRUSE

1 Einleitung

China wird mit 1,4 Mrd. Einwohnern, von denen 750 Mio. jünger als 30 Jahre sind, mit einem jährlichen Wirtschaftswachstum von 6.5 % in Zukunft der kaufkräftigste Markt der Welt sein. Diese Schlagzeile lässt aufhorchen.

Bild 1: Der Nachwuchs Chinas

Welche Ideen sind es also wert umzusetzen? Der erste Schritt liegt im Verständnis der asiatischen Kultur, deren Wurzeln in China liegen. Bitte hierzu unbedingt das Vorwort lesen. Weitere Informationen im GTEC Ebook „China Business: Aktuell und kompakt".

2 Die besten Geschäftsideen in China

2.1 Bootsführerschein erwerben

HINTERGRÜNDE

Es werden eine Menge Jachten in China gekauft, die niemand fahren kann. Dieser Markt boomt. Die Reichen werden immer reicher, die Anzahl der Millionäre und Milliardäre steigt.

WAS IST ZU TUN?

Erwerben Sie einen international gültigen Bootsführerschein oder ein Hochseepatent. Dann Gewerbe anmelden und sich freiberuflich in China als Kapitän bewerben. Das hat den Vorteil, man sieht die Welt und wird dafür auch noch sehr gut bezahlt.

2.2 Wasserfilter verkaufen

HINTERGRÜNDE

Wasser aus der Leitung ist nicht trinkbar. Das Wasser muss abgekocht werden um es zu trinken. Das kostet Zeit und Energie/Geld.

WAS IST ZU TUN?

Die Technik kann von Deutschland übernommen werden (siehe Britta-Filter). Der Vertrieb muss mit einem chinesischen Partner oder als eigenständige Firma aufgebaut werden.

2.3 Ökosysteme für die Stadtbewohner

HINTERGRÜNDE

Fläche ist knapp und teuer in China. Wenige haben Villen

und Garten. Der Garten wird meist zum Gemüseanbau oder Fischzucht verwendet. Die Chinesen denken pragmatisch und verschwenden nichts. Die meisten Stadtbewohner können sich keine Grundstücke leisten.

WAS IST ZU TUN?

Es gibt bereits Ideen (z.B. Aqua) für die Stadtbewohner, die zuhause Gemüse und Obst anbauen oder Fische züchten wollen, aber wenig Platz haben. Ein gutes Angebot wäre eine Modulbauweise zu entwickeln, wie auf kleinstem Raum (z.B. auf dem Balkon) eine "kleine Hausfarm" für Kräuter und Gemüse errichtet werden kann. Das kann entweder (wie bei IKEA) aus Alurahmen zusammengesteckt werden) und nach und nach erweitert werden.

2.4   Wasserbetten

HINTERGRÜNDE

Die Chinesen lieben auf harten Betten zu schlafen, da sie meinen, es sei sehr gesund. Dennoch haben viele Rückenschmerzen und –probleme. Beim Schlafen auf Wasserbetten kann man die Schlafhärte und die Wassertemperatur einstellen. Das Wasserbett ist ca. 400kg schwer (2m x 2m x 0.1m) und überall möglich aufzubauen, benötigt nur einen elektrischen Anschluss. Beim Schlafen passt sich das Wasser an den Körper an und verursacht somit keine Druckstellen und Verspannungen im Körper. Man wacht sehr entspannt ohne Muskelschmerzen auf.

Zudem gibt es im südlichen China keine Heizung, sondern nur wärmespendende Klimaanlagen, die sehr ungesund sind. Durch ein Wasserbett wird die Luft wesentlich gesünder und zumindest in der Nacht braucht die Klimaanlage kann eingeschaltet werden.

WAS IST ZU TUN?
Die Herstellung und der Vertrieb von Wasserbetten ist ganz neu in China. Der Vertrieb muss mit einem chinesischen Partner oder als eigenständige Firma aufgebaut werden.

2.5   Mitfahrende Toiletten

HINTERGRÜNDE
Wer im Verkehrsstau steht, kennt das Problem. Keine Chance auszusteigen und nur Pipi zu machen, da überall Leute, Häuser und keine Sträuche oder Bäume wo man sich verstecken kann. Öffentliche Toiletten gibt es, doch wenn man sie braucht, findet man doch keine. Taxifahrer haben zudem das Zeitproblem, anhalten kostet Zeit und Zeit ist Geld.

WAS IST ZU TUN?
Auto-, Moped- und Fahrradfahrer benötigen für „Pipi" eine am Körper angepasste Plastikflasche, die vor der Fahrt entsprechend am Körper angebunden wird. Während der Fahrt öffnet man auf Knopfdruck den Behälter, verrichtet sein Geschäft, danach verschliesst man wieder auf Knopfdruck die Flasche. Die Herstellung und der Vertrieb von diesen Geräten ist ganz neu in China, jedoch auf Grund des puritanischen Lebensstil in den USA schon dort an Tankstellen erhältlich. Der Vertrieb muss mit einem chinesischen Partner oder als eigenständige Firma aufgebaut werden.

2.6 Busfahrplan für Städte und Überlandfahrten

HINTERGRÜNDE

In China ist das Busse fahren sehr undurchsichtig, für Chinesen wie für Ausländer. Es gibt zwar Bushaltestellen mit Fahrpläne, aber die Haltestellen haben einen Straßennamen, man weiß aber nicht wo die Straße sich befindet. Die Strecke ist nicht auf einer Karte eingezeichnet.

WAS IST ZU TUN?

Diese Landkarte ist als Apps zum Download zu entwickeln oder Online bereitzustellen. Man nehme die Chinesische Landkarte und zeichnet alle wichtigen Buslinien ein. Wenn man den Ausschnitt vergrößert oder verkleinert, bekommt man die Übersicht wo man aus- und einsteigen kann. Die Chinesischen Schriftzeichen und die dazugehörige Aussprachezeichen (Pinyin) dienen als Orientierung für Ausländer wo man sich gerade befindet. Die Herstellung und der Vertrieb von dieser Software ist ganz neu in China. Der Vertrieb muss mit einem chinesischen Partner oder als eigenständige Firma aufgebaut werden.

2.7 Fahrradtouren für Touristen

HINTERGRÜNDE

Trotz moderne Verkehrsmittel ist Fahrradfahren in China noch sehr populär. Wer kein Geld für ein Moped oder Auto hat, ist darauf angewiesen von A nach B zu fahren. Da Fahrradfahren anstrengend ist, nimmt man es nur zwangsweise, um beispielsweise zur Arbeitstelle zu fahren oder Gegenstände zu transportieren. Die Infrastruktur für Fahrradfahrer gibt es nur an den

Hauptverkehrsstraßen. In den Nebenstraßen muss der Fahrradfahrer auf der Straße oder Gehweg fahren. Diese sind zwar recht breit, so dass dort auch Autos und Mopeds fahren, als auch viele Menschen laufen. Dennoch möchten viele Touristen im Urlaub das Fahrrad benutzen um die Gegend zu erkunden. Hierzu fehlt in China das Kartenmaterial und die Informationen über Übernachtungsmöglichkeiten für Fahrradfahrer.

WAS IST ZU TUN?
Wie in 2.6 ist ein ähnliches System notwendig um die Transparenz herzustellen, wo man sicher und bequem Radfahren kann. Hierzu darf die Angabe der Entfernungen und die Adresse und Telefonnummer für Übernachtungsmöglichkeiten und ggf. Restaurants nicht fehlen. Zudem am besten mit eingezeichenten Steigungen wie bei den beliebten Michellinkarten in Europa, so dass man seine Reisezeit besser abschätzen kann. Die Herstellung und der Vertrieb von diesen Geräten ist ganz neu in China. Der Vertrieb muss mit einem chinesischen Partner oder als eigenständige Firma aufgebaut werden.

2.8   Sensoren melden Daten beim Autofahren

HINTERGRÜNDE
In vielen Chinesischen Städten gibt es mittlerweile (zu) viele Autos, aber nicht angepasste Infrastuktur. Beim Fahren im PKW gibt es daher viel Steinschlag gegen die Windschutzscheibe. Hat einmal die Scheibe einen Sprung wird nicht repariert, sondern weitergefahren. Sicherheitsdenken ist in China noch nicht weit verbreitet. Im Westen gibt es die Ideen von Autoherstellern, die

Windschutzscheibe mit einem Sensor auszustatten, der der Werkstatt oder der Versicherungsfirma direkt via Smartphone berichtet, wenn die Scheibe einen Steinschlag abbekommen hat. Der Inspektor ruft dann den Fahrer an um einen Termin für die Begutachtung und ggf einer Reparatur zu vereinbaren.

WAS IST ZU TUN?

Solange die Daten vom Fahrzeug und vom Fahrer gegenüber Dritten sicher sind, muss lediglich ein entsprechender Sensor entwickelt und dem ÖM Einkäufer für den Chinesischen Automarkt angeboten werden. Alternative kann der Sensor im Westen eingekauft und in China zum Verkauf angeboten werden. Diese Art von Sensoren und Datenauswertung läßt sich auf andere Bereiche im Leben und Industrie übertragen. Beispielsweise in der Kommunikation zwischen Maschinen (siehe Bagger), Sensor und Control Unit.

Bild 2: Die Bagger Chinas (Firma Bosch)

Werden die Daten mit bereits gespeicherten verglichen,

kann so diagnostiziert warden, ob ein Risiko für einen Bruch eines Bauteiles oder Systemausfall besteht. Ein rechtzeitiger Austausch von Komponenten ist dann möglich. Wenn man bedenkt, ein Ausfall eines Baggers in Europa kostet ca. 2000 Euro/Stunde. In China sind die Entfernungen riesengroß, dann beträgt der Ausfall mehrere Tage bis repariert werden kann, bei zunehmend steigenden Kosten für Machine und Personal.

Eine andere Einsatzmöglichkeit der Sensoren ist in Leasingfahrzeugen. Es kann dann nicht mehr verschwiegen werden, ob ein Fahrzeug missbraucht worden ist und die Lebenserwartung drastisch reduziert hat.

2.9   Beerdigungen

HINTERGRÜNDE

Beerdigungen kosten in China viel Geld. Zuerst wird gestorben, dann kommen aus nah und fern die Verwandten und bleiben ein paar Tage bis der oder die Tote verbrannt worden ist. Die Gäste werden in dieser Zeit mit Essen, Zigaretten und Schnaps bewirtet. Die Verbrennung, die Urne, der Platz auf der die Urne nach der Verbrennung gestellt wird, kostet Geld. Hinzu kommt noch das Geld für die Servicefirma, welche die Zeremonie des Weinens und der Abwicklung übernimmt. Alles, damit die toten Menschen und die Nachkommen das Gesicht nicht verlieren.

WAS IST ZU TUN?

Es fehlt eine Beerdigungsversicherung, um die finanzielle Last zu lindern. Hierzu ist eine Firma zu gründen und dafür Werbung zu machen. Das monatlich eingezahlte Geld wird angelegt und sicher verzinst. Bei der Beerdigung wird das Geld abzüglich einer Gebühr an die

Nachkommen ausbezahlt.
Diese Firma kann aber auch bei Beerdigungen die Ansprache und Reden übernehmen und dabei Werbung in eigener Sache betreiben.

2.10 Versicherungen

HINTERGRÜNDE
Das Versicherungssystem steckt noch in den Anfängen, das Krankenhaus möchte Geld im Voraus sehen, bevor es anfängt den Patienten zu behandeln. Direkte Abrechnungen mit einer Versicherung oder Bezahlung nach der Behandlung ist nicht vorgesehen. Wenn ein Patient nicht zahlen kann, stirbt er schlechtenfalls.

WAS IST ZU TUN?
Die neün Versicherungen müssen sich den chinesischen Verhältnissen anpassen und können auch mit diesem Service werben. Beispielsweise muss eine Krankenversicherung schnell und unbürokratisch für die kranken Kunden da sein. Wenn beispielsweise die Frau des von einem Schlaganfall betroffenen Patienten bei seiner Versicherung anruft, setzt sich die Versicherung direkt mit dem Krankenhaus, in dem der Patient eingeliefert worden ist, in Verbindung und regelt die Formalitäten und veranlasst den Transport zu einem kompetenten Arzt und Operationssaal, auch wenn zu einem anderen Krankenhaus, aufgrund der Entfernung, geflogen werden muss. Wichtig ist dabei, dass die Versicherung vor der Operation bereits einen Geldboten zu dem Krankenhaus sendet und die Behandlung bar im Voraus zahlt, so dass der Patient innerhalb 48 Stunden seit dem ersten Anruf behandelt wird. Reference MSH International Singapure.

2.11 Umgang mit der Chinesischen Kälte

HINTERGRÜNDE

Laut Regierungsplan war nicht vorgesehen südlich des Jangtze-Fluß Heizungen zu installieren. Dennoch fallen im Winter die Temperaturen kurzfristig unter Null und bleiben monatelang um den Nullpunkt herum. In Kombination mit einer hohen Luftfeuchtigkeit steigt das Kältegefühl beträchtlich. Da wird der Ruf nach irgendeiner Form von Heizung laut. Neue Häuser und Wohnungen installieren bereits moderne westliche Fußbodenheizungen und heizbare Toilettenschüssel aus Japan. Doch alle älteren Wohnungen gibt es noch keine Lösungen.

WAS IST ZU TUN?

Es muss eine robuste Fußbodenheizsystem entwickelt werden, dass nachträglich installiert werden kann. Ich denke dabei an eine modulare Bauweise, man kauft jeweils einzelne quatratmetergroße Heizsysteme, rollt sie aus und schließt die Plastikleitungen hintereinander, so dass das Wasser durchfliessen kann. Das optisch verschiedene Dekor und Deckmaterial kann dabei aus einem Katalog oder Internet ausgewählt und bestellt werden.

Dasselbe gilt für den kalten Toilettenrand. Hier gilt es Wärmer für verschiedene Größen, Stoffe und Farben anzubieten, die man selbst zu Hause nachträglich anbringen kann.

2.12 Das Geschäft mit Robotern

HINTERGRÜNDE

Für alle Arten von Service in China stehen Menschen zur

Verfügung. Was ist, wenn der Mensch nicht gut, zuverlässig oder schnell genug ist? Oder auch die Arbeiten zuhause oder im Betrieb zu gefährlich für ihr Personal sind? Wenn Sie in China in der Öffentlichkeit unterwegs sind, Bus oder Metro fahren, begegnen Ihnen viele Bettler, die behindert sind und die diese Behinderung beispielsweise nach Betriebsunfällen bekommen haben.

WAS IST ZU TUN?
Denken Sie beispielsweise an Roboter, die spielend gemeinsam mit Kinder Sprachen lernen können.
Oder an Roboter, die Ihre Fenster putzen können, weil dies für ihr Putzpersonal zu gefährlich ist.

2.13 Mit Zukunft: Wissens-Chip im Kopf einsetzen

HINTERGRÜNDE
Wer möchte nicht seinen Wissensspeicher erweitern und das Wissen abrufen? Die Wissenschaft ist bereits technisch in der Lage, Wissenschips im Gehirn einzusetzen. Es gilt den ersten Schritt in die Praxis zu tun.

WAS IST ZU TUN?
Die Chips können wie ein USB-Stick beliebig ausgetauscht und somit unendlich Wissen abgefragt werden. Die Verdrahtung übernimmt der Gehirnchirurg, der sich auf dieses Gebiet bereits in der Universität spezialisiert hat. Die Gefahr eines Versagens und Fehloperation mit gesundheitlichen Konsequenzen ist hierbei sehr gering. Der Markt für diese Wissenschips ist hingegen riesig.

2.14 Fahren in der dritten Dimension

HINTERGRÜNDE

Überall Stau, der Straßenverkehr wird immer dichter, die Autos und Lastwagen immer mehr. Es ist mittlerweile unmöglich, die vom Navigationssystem berechneten Ankunftszeiten zu erreichen. Das Reisen auf der Straße ist nicht mehr planbar.

WAS IST ZU TUN?

Chinesische Auto und LKW-Fahrer fahren wie sie wollen, Verkehrsregeln werden mißachtet, wer Geld hat, macht zudem auch mit Bestrafung was er will und gefährdet Menschenleben. Fahren in der dritten Dimension muss daher stark geregelt werden, nichts darf dem Zufall überlassen werden. Der Fahren und seine Fahrgäste fahren am Kabel wie eine Hängebahn oder auf andere Fahrbahnen oberhalb der Straße entlang. Hierzu hat man sein eigenes Auto oder steigt einfach an definierten Terminals in Kabinen ein und aus. Das Ein- und Aussteigen geschieht wie in den Seilbahnen in den Bergen, die Kabinen klincken sich beim Aussteigvorgang aus dem Hauptseil aus, nach dem Einsteigprozeß wieder ein, beschleunigen und fahren mit konstanter hoher Geschwindigkeit zum Zielterminal. Eine lohnenswerte Alternative zu der Straße, die Privatinvestoren zusammen mit dem Staat übernehmen können und mit den attraktiven Fahrgebühren bald den eigenen ROI (Return of Investment) erreichen können.

2.15 Webseminare im Finanz- und Wealthmanagement

HINTERGRÜNDE
Wer hat heutzutage noch Zeit zu einem Vortrag oder Vorlesung zu reisen und dort rechtzeitig anzukommen? Bei dem dichten Verkehr sowieso ein Unterfangen. Webinars nach westlichem Stil sind im entstehen, die Anbieter lassen sich diese Marktlücke gut bezahlen. Chinesen möchten schnell viel Wissen aufnehmen und zum eigenen Vorteil in klingende Münze umwandeln.

WAS IST ZU TUN?
Was nicht bekannt oder noch in den Anfängen steckt, ist das Anbeiten von Webinars für das Finanz- und Wealth management. Der Inhalt wird der Umgang mit sich selbst, den eigenen Zielen und der Umgang mit den Banken und Finanzinstituten sein. Ausgewählte Angebote mit attraktiven Zinssätzen runden das Thema ab.

2.16 Unterstützung beim Firmenaufbau (Business Angels)

HINTERGRÜNDE
Die Bürokratie in China ist sehr groß, doch Zeit ist Geld, gerade beim Geschäftsaufbau. Fehler kann sich keiner erlauben, kosten viel Zeit und Geld. Business Angels gibt es noch nicht, doch jeder braucht Geld und Wissen. Dieser Support wird von Banken meist abgelehnt.

WAS IST ZU TUN?
Gegen eine monatliche Gebühr oder auf Stundenbasis wird ein Business Angel beauftragt, auf Zeit den Geschäftsbereich Finanzen, Controlling, Technik oder

Management zu leiten.

2.17 Agent für Edelsteine

HINTERGRÜNDE

Die Finanzmärkte sind unsicher, Leute flüchten in andere sichere Märkte. In China und in ganz Asien sind dies die Edelsteine. Sie haben seit Jahrzehnten einen kontinuierlichen Wertzuwachs, da die Suche und Ernte der Steine immer schwieriger und die manuelle und machinelle Weiterverarbeitung immer teurer wird. Wer Interesse an den Einkauf von Edelsteinen hat, kauft in China und Asien (Sri Lanka, Nepal, etc) ein. China ist beispielsweise berühmt für Jade. Jade wird in Südchina oder Burma abgebaut. Hier ist Farbe, Lichtdurchlässigkeit und Gewicht ausschlaggebend für den Preis. Jade ist sehr begehrt, der Markt ist jedoch nicht transparent, nur Fachleute können preiswert einkaufen und die Echtheit der Steine feststellen.

WAS IST ZU TUN?

Der Westler braucht einen zuverlässigen Agenten, der für ihn die gewünschten Steine oder daraus hergestellten Schmuck besorgt. Der Kunde muss sich darauf verlassen können, das das Produkt echt ist, also ein Echtheitszertifikat hat. Damit ist garantiert, dass es später einmal wieder verkauft werden kann. Je nach Stein und Qualität sind gegenwärtig Wertsteigerungen von 10-100% im Jahr die Regel.

2.18 Agent für Properties

HINTERGRÜNDE

Aus dem selben Grund wie bei Edelsteinen, Leute flüchten in andere sichere Märkte. Neben Edelsteine sind dies die Immobilien. Auch wenn das Eigentum nach 40 Jahren (bei Gewerbe) oder 70 Jahren (Wohneigentum) wieder an den Staat zurückgegeben werden muss, ist der Boom seit Jahrzehnten ungebrochen. Chinesen sehen in der Geldanlage in Immobilien einen sicheren Hafen. Immer mehr Westler möchten auch daran teilhaben, dürfen aber laut Gesetz nur eine Wohnung in China kaufen. Zudem dürfen diese Immobilien erst nach 5 Jahren wieder verkauft werden, sonst werden 20% Strafsteuer vom Verkaufspreis fällig. Es ist also sehr wichtig die richtige Entscheidung zu treffen. Beispielsweise wäre es fatal, in einer Gegend mit Familien in eine kleine Eigentumswohnung zu investieren, die dort niemand mieten würde. Vielleicht wäre diese auch unverkäuflich oder nur mit erheblichen Preisnachlaß wieder zu verkaufen. Einige Vorarbeit in Form von Marktuntersuchung muss also getan werden, damit die Investition lohnenswert ist. Beispielsweise dort wo in mehreren Jahren eine Metrostation/ Vergnügungspark/ Freihandelszone/ Einkaufszentrum, etc. entstehen wird.

WAS IST ZU TUN?

Der Westler braucht einen zuverlässigen Agenten, der für ihn die gewünschten Immobilien sucht, bewertet und für die Entscheidungsfindung aufbereitet. Nachdem die Entscheidung gefallen ist, muss der Agent verhandeln bis der gewünscht Preisabschluß vereinbart werden kann. Danach gibt es für Ausländer viele bürokratische Hürden zu überwinden, die Verträge sind zu prüfen und

Banküberweisungen durchzusteuern. Dieser Prozess kann Monate dauern, was ein Westler nicht vor Ort durchstehen kann. Der Agent übernimmt die Koordination und Durchführung.

Als Belohnung winken Wertsteigerungen von bis zu 15% im Jahr. Steuern sind darauf noch nicht zu zahlen, also der Gewinn ist noch zumindest in 2013 und 2014 steuerfrei.

Wer mehr Zinsen haben möchte, vermietet die Immobilie über eine Serviceagentur. Mietpreise für Chinesen sind wesentlich geringer als für Westler, von denen oft die Miete vom Arbeitgeber getragen wird.

Wer sein Geld nicht in China binden möchte, geht nach Thailand, wo momentan Wertsteigerungen in Touristengegenden von 20% im Jahr (vermietet) keine Seltenheit sind.

2.19 Versicherung für Maschinen

HINTERGRÜNDE

Der Lieferant für Teile muss mit dem Kunden einen Vertrag abschließen und ihn zusichern, termingerecht die Teile zu liefern. Der Kunde drängt darauf, Vertragsstrafen im Vertrag unterzubringen, wenn die Teile nicht in der Zeit und nicht zur gewünschten Qualität angeliefert werden.

Beim Transport und Installation der Maschinen, aber auch bei der späteren Produktion stellt sich aber schnell heraus, dass die Prozesse und die dazugehörigen Maschinen ihre Tücken haben. Entweder die Maschinen sind bereits alt und brauchen mehr Wartung als geplant oder die ungeplanten Breakdowns sind derart lange, dass in der verbleibenden Zeit nicht genügend Teile für den Kunden geliefert werden kann.

WAS IST ZU TUN?
Der Lieferant benötigt eine bisher noch nicht existierende Versicherung seiner Maschinen gegen 1) Breakdown 2) Maintenance 3) Vertragsstrafen und andere finanzellen Herausforderungen mit Kunden 4) Transport 5) Installation, etc.

2.20 Nachhilfe im Internet

HINTERGRÜNDE
Nach der Schule noch schnell irgendwohin zum Nachhilfeunterricht? Bei dem Verkehr! Wer wird fahren, Bus, Eltern oder selbst mit dem Fahrrad?

WAS IST ZU TUN?
Effektives Zeitmanagement beginnt zuhause Online. Tutorial Support siehe www.tutoria.de, mit Schwerpunkt English, Mathe und Deutsch.

2.21 Consulting in China

HINTERGRÜNDE
Was noch vor 10 Jahren in China niemand brauchte oder sich leisten wollte, ist jetzt gerade anders geworden. Da bekanntlich Zeit Geld ist, wollen chinesische Firmen und Privatleute schnell Wissen bekommen um in Ihrem Geschäft schnell voran zu kommen. Das Consulting-Geschäft boomt, auch auf der Gefahr hin, vom Berater abhängig zu werden, falls das Wissen nicht intern aufgebaut werden kann.

WAS IST ZU TUN?
Der Gewinn der chinesischen Firmen schwindet, die

Produktionsstätten sind nicht effektiv und wettbewerbsfähig genug. Beratung hinsichtlich der Perfekten Lean Production oder gar MES (Manufacturing Execution System) wird händeringend gesucht.

Wer allerdings noch nicht diese Produktionsprobleme hat, benötigt Consulting im Bereich Private Finanzberatung, M&A, Marketing, R&D, Engineering, Cost Management, Management Techniken, Zeitmanagement, Farblehre für Business Etikette, etc.

2.22 E-Mobility Business

HINTERGRÜNDE
Die Luftverschmutzung in China nimmt dramatisch zu. Wer Geld hat, schickt bereits seine Familie ins Ausland in die gesunde frische Luft. Die Regierung hat reagiert und verlangt im 10-Jahresplan die Einführung von Elektroautos. Für jedes gekaufte Fahrzeug gibt es vom Staat eine finanzielle Unterstützung von bis zu 100.000 RMB. Da die Infrastruktur noch nicht soweit ist, werden auch Hybridfahrzeuge unterstützt. Der Markt boomt deshalb.

WAS IST ZU TUN?
Die Lithium-Ionen Batteriezellen gibt es schon sehr lange auf dem Markt. Marktführer ist hier die koreanische Firma Samsung. Westliche Automobilfirmen wird geraden, die Zellen elektrisch zu einem Batteriepack zusammenzubinden, damit die gemeinsame Energie-Leistung zum Fahrzeugbetrieb ausreicht. Das ist allerdings nicht so einfach und forschungsintensiv. Deshalb arbeiten ÖMs mit kompetenten Zulieferen zusammen.

Neben der Batterie, der mit dem Motor einen Hybridantrieb bildet, werden gerade weitere Komponenten für E-Mobility entwickeln.
Doch der Markt ist noch lange nicht gesättigt, innovative Ideen sind dabei leicht im Markt zu verkaufen.

2.23 Einkaufen im Ausland

HINTERGRÜNDE
Die Herstellung von Rohmaterial und Halbzeugen, zum Beispiel aus Stahl, Aluminium oder Magnesium, wird in China beispielsweise aufgrund der steigenden Energie- und Lohnkosten immer teurer. Gleichzeitig steigt der Wert des RMB, bei gleichzeitigem Fall von ausländischen Währungen, zum Beispiel Indien. Einkaufen im Ausland ist angesagt. Wer diese Chance vertut, verschenkt u.U. viel Geld.

WAS IST ZU TUN?
Beobachten Sie die Währungsschwankungen und kaufen Sie dann ein, wenn der Gesamtpreis (Material+Transport+Zoll) unter den einheimischen Einkaufspreis liegt. Beispielsweise sinkt die INR (z.B. 1:70), dann in Indien einkaufen, wird INR stärker (z.B.1:50), dann eventuell dorthin exportieren und verkaufen und an der Differenz gewinnen.
Weiterhin lässt sich generell sagen, das Billiglohnländer wie Vietnam, Myanmar, Indonesien und Thailand sehr begehrt sind, dort einen eigenen Produktionsstandort aufzubauen, wenn dort Einzelteile zu einem verkaufsfähigem Produkt zusammengebaut werden müssen, entweder für den Export oder zum Verkauf im Land. Durch die Investitionen ausländischer Firmen und die damit einhergehende Ausbildung einheimischer

Arbeitskräfte, entstehen nach und nach entwicklungsfähige Lieferanten für Ihre Materialien und Einzelteile. Das Sourcing sollten Sie allerdings nicht selbst übernehmen, wenn Sie nicht vor Ort sind. Sprechen Sie mit Ihrer AHK vor Ort oder mit uns.

2.24 Deutsches Restaurant

HINTERGRÜNDE
Es sind bereits viele Köche ausgewandert und haben auf der ganzen Welt eigene Restaurants eröffnet, zum Teil mit beachtlichem Erfolg. Auch wenn in China, und da ganz besonders in den Ballungsgebieten Shanghai und Beijing, auch bereits einige Restaurants vorhanden sind, ist der Markt noch lange nicht gesättigt. Zumal die Varianten fehlen. Die weiss-blauen Häuser wie Paulaner und Münchner Bierhaus bieten über Lizenzen gebrautes Bier mit bayrischer Küche an. Doch wo bleiben die anderen, wie Schwaben, Hessen, oder die Norddeutsche Küche mit Fisch und Lapskaus, etc.?

WAS IST ZU TUN?
Ein Restaurant hat eine Feuerstelle und somit sind die Lizensen schwer zu bekommen, hier braucht man unbedingt professionelle Hilfe, beispielsweise zum Finden des geeigneten Restaurants in der bevorzugten Gegend, und zum Verhandeln mit den nur chinesisch-sprechenden Behörden.
Etwas einfacher geht es mit der Lizenz für eine Bar oder Cafe, da keine Feuerstelle notwendig. Wer sich keine attraktive Gegend leisten kann, wie beispielsweise in Fussgängerzonen, kann überlegen, ob eine Kombination mit einem Trainingszentrum, beispielsweise an irgendeiner Metro- oder Bahnhofsstation, nicht eine

Alternative darstellt. Unser Vorschlag: Tagsüber Schulungen+Cafe, abends Bar+ Musik, dazu deutsche Snacks mit Kuchen.

Außerdem ist zu überlegen, ob der Investor nicht gleich frischere Luft bevorzugt. In der Tibetanischen Hauptstadt Llasa auf 3800m Höhe beispielsweise gibt es noch keinen deutschen Restaurant-, Bar-, Cafe-Besitzer, von einem Trainingszentrum ganz zu schweigen.

2.25 Business mit Senioren

HINTERGRÜNDE
Es gibt in China immer mehr ältere Leute. Früher waren es Großfamilien, die jüngere Generation passte auf die ältere auf, pflegte und betreute die Alten. Heutzutage ziehen die jüngeren in die Städte und arbeiten weit entfernt.

WAS IST ZU TUN?
a) Die Wohnungen der Alten müssen altersgerecht gestaltet werden. Hierzu braucht man geeignete Geländer, Treppfen, Griffe, etc. Entsprechende Onlineshops helfen der jüngeren Generation die richtigen Teile zu bestellen und anliefern zu lassen.

b) Ein Kommunikationsservice für ältere Mitarbeiter hilft den jüngeren mit den älteren zu reden und sich gegenseitig zu unterstützen. Die Älteren müssen zahlen, beispielsweise mit einen Jahresbeitrag. Mit diesem Geld kann Werbung an Universitäten oder in Gemeinden geschaltet werden, die jüngeren unterstützen mit Smalltalk und eventuell Putzdienst, Unterricht, etc. Bezahlt wird nach Stunden und Art des Services, nach

Liste oder nach individueller Vereinbarung.
c) Einrichten einer Universität für pensionierte Menschen, beispielsweise zum Sprachen lernen, Computerkenntnisse aneignen, etc. Unterricht am Vormittag.

2.26 Erstellen von Apps

HINTERGRÜNDE
Ein Mobiltelefon ist aus der chinesischen Gesellschaft nicht mehr wegzudenken. Ebenso mit WeChat. Es ist jedoch unmöglich, eine Message von WeChat direkt zur westlichen Welt WhatUp zu schicken.

WAS IST ZU TUN?
Hierzu ist ein App zu entwickeln und den Mobiltelefon-Providern bereitzustellen. Es wird auf beiden Seiten downgeloaded und die Verbindung zwischen Ost und West kommt zustande.

2.27 Dating für Chinesen

HINTERGRÜNDE
Blondinen sind begehrt in China, da etwas Besonderes und Rarität. Nur Ausländerinnen sind Blond, wenn die Haare nicht gefärbt sind. Chinesische Männer, die sich Frauen kaufen können, stehen aber auch auf IQ, wollen sich mit den Frauen auch intelligent unterhalten und Spaß haben.

WAS IST ZU TUN?
GMAT-Test und Sprachentest für Blondinen aus Deutschland und Ukraine? Alles Kriterien für eine

Auswahl und für den Preis. Der Chinesische Kunde meldet sich als Mitglied an, entscheidet was er haben möchte und wählt aus einem Chinesischen Online-Katalog aus. Auch die Blondinen zahlen eine Gebühr für den Eintrag in den Katalog. Bild, CV, Tel., Email inklusive, für den direkten Kontakt. Ein Treffen garantiert.

2.28 Kinder als Schauspieler ausbilden

HINTERGRÜNDE
Hübsche Kinder werden in China in Filmen und Theater immer gebraucht. Sie locken das Publikum und sind oft die Attraktion.

WAS IST ZU TUN?
Die Kinder schon frühzeitig bei Agenturen zum Ausleihen anmelden. Eine eigene Firma gründen und Einnahmen verbuchen.

2.29 Chinesischen Firmen steigern Gewinn

HINTERGRÜNDE
Durch die steigernden Ausgaben für Löhne, Preise für Rohstoffe, Energie und Grundstücke sind viele Industriebetriebe gezwungen, Ihre eigenen Kosten zu reduzieren, damit die Gewinnspanne gleich bleibt oder steigt. Diese Kosten sind u.a. die Einkaufskosten, die Gemeinkosten, die Fertigungskosten.

WAS IST ZU TUN?
Berater mit betriebsspezifischen Knowhow in Kostenreduzierung und Investment können jetzt auf dem Chinesischen Markt gut Fuß fassen. Die meisten

Chinesischen Firmeninhaber sind überrascht und unvorbereitet. Ihre Buchhaltung ist oftmals gut, doch das Aufbereiten der Daten für eine Entscheidungsfindung ungenügend. Zudem kommt, das die meisten Firmen kein eigenes Personal für Kostenreduzierung, inklusive Schlanke Produktion haben. Externe Beraterfirmen sind oftmals die einzige Chance um die Firma zu retten.

2.30 Automatisierung in der Industrie ist gefragt

HINTERGRÜNDE
Mitarbeiter sind unzuverlässig, machen Fehler und die Lohnkosten sind teuer. Speziell in der Automobilindustrie ist die Tendenz bei Fehlern gegen Null. Fehlerfreie Produktion geht daher oft nur mit Automatisierung. Wo auf der Welt werden die besten Automaten, Roboter und Anlagen hergestellt? Nur im Westen.

WAS IST ZU TUN?
Marketing und Verkauf von Deutschen Produkten und Anlagen, die entsprechend die automatische Produktion unterstützen, beispielsweise Kontrollstationen nach jedem Produktionschritt, Roboterstationen beim Schmieden, die das heiße Teil von einer Presse zur anderen weiterreichen.

2.31 Niedrigenergie-Häuser

HINTERGRÜNDE
Der Winter im Norden und in der Mitte von China ist hart, windig und nasskalt. Mit den dünnen Außenwände und fehlender Fußbodenheizung wird mittels Klimaanlage

geheizt. Die Klimaanlagen sind veraltet, bekommen den Strom aus der Steckdose und verbrauchen deshalb sehr viel Energie.

WAS IST ZU TUN?
Niedrigenergie-Häuser sind gefragt. Mit dem richtigen Design, Architektur und einer geeigneten Bauweise lasse sich sogar wieder Strom ins Netz einspeisen und somit Profit generieren. Hierzu kann ein Prototyp als Musterhaus gute Dienste für Bauherren erweisen, die daraus ein Business für Chinesische Bauherren generieren wollen.

2.32 Umweltverschmutzung messen

HINTERGRÜNDE
Pp2.5-Rate von chinesischen Städten kann täglich im Internet abgefragt werden. Die Werte werden von der Chinesischen Regierung bereitgestellt. In Japan gibt es allerdings seit der Sunami-Katastrophe mit dem Atommeiler bereits Uhren, die die Strahlung der Umgebung messen und entsprechend laut ticken. Die japanische Regierung hat die Verstrahlung zurückgehalten und Mißtrauen erzeugt, was umgehend zu dieser Neuentwicklung geführt hat.

WAS IST ZU TUN?
In China kann man dann sozusagen diese japanische Innovation kopieren und anstelle oder zusätzlich zu den Strahlenwerten die pp2.5 Werte der Luft messen.

2.33 Mobile Internet Market

HINTERGRÜNDE

Der Mobiltelephone Markt in China boomt. Viele haben erst gar kein stationäres Telefon zu hause installiert, da nicht mehr nötig. Neue Marketing Ideen entstehen, damit der Kunde Spaß hat und Geld dafür ausgibt.

WAS IST ZU TUN?

1) Location Based Marketing: Tracking von Signalen, wissen wo sich andere Personen befinden. Oder, wo man in der Umgebung essen gehen kann.

2) E-Commerce: eigener Verteiler- und Logistik-Service, um online eingekaufte Teile schnell und kostengünstig an den Kunden liefern zu können.

3) Reisebooking Service Online, fingertip Zugang zu Reisebüros, Hotels, Fluggesellschaften, etc.

4) Online Apartment oder B&B Rental Service

5) Job Hunting, Feedback von Erfahrungen im Umgang mit Firmen, Survey was wird am Markt gebraucht, Aktivitäten und Informationen über Recruitment.

6) Erzeugen von Nutzen für die Gesellschaft, beispielsweise Überblick von den Ausgaben der Angestellten & Arbeiter

7) Lösen von realen Lebens-Problemen der Gesellschaft, zum Beispiel Häuser, Apartments finden, Job finden, Lifestyle.

8) Forum über Beauty Produkte, Frauenmode, Lifestyle Platform. User Interactions für Frauen, Mütter und Kids (zum Beispiel Heirat, Familie)

9) Open von Onlinestores: Einkauf, Lager,

after-sales-service, Online payment, Logistics.
10) Spracherkennungsprogramme   für
Chinesen, Version für das Auto.

2.34 Rare Earth Trading

HINTERGRÜNDE
Für die Herstellung von Magneten und anderen Produkte
wird Selte Erde gebraucht. Das Material wird im Tagebau
gefördert, Hauptlieferant ist China.

WAS IST ZU TUN?
Die Industrie der ganzen Welt benötigt „Selte
Erden" Material. Die staatlichen und privaten
Chinesischen Lieferanten sind dem Autor bekannt.
Kunde und Lieferant kann gegen Provision
zusammengebracht werden.

2.35 Wealth Management

HINTERGRÜNDE
Im Gegensatz zu Hongkong, ist in China das Wealth
Managment und Investitionen in Offshore Funds nicht
reguliert. Daher sind viele unqualifizerte und kriminelle
Elemente unterwegs um den Firmen und Privatpersonen
das Geld aus der Tasche zu ziehen.

WAS IST ZU TUN?
Alle über 50 Finanzberaterfirmen allein in Shanghai
arbeiten auf Provisionsbasis. Es werden daher immer
diejenigen Produkte empfohlen, die am meisten
Provision einbringen. Eine Marktlücke ist daher,
Provision auf Gewinn anzubieten oder zu verlangen. Das

ist viel seriöser und lockt mehr Kunden, denn dann wird der Finanzberater nach Performance bezahlt und muss sich entsprechend anstrengen um für den Kunden Gewinn zu erzielen.

2.36 Ebooks

HINTERGRÜNDE
Früher hatte jeder Chinese ein Buch in der Hand gehabt und sogar beim Spazierenlaufen gelesen. Jetzt ist das Handy in und das klassische Buch out. Deshalb sind jetzt Ebooks gefragt.

WAS IST ZU TUN?
Eine Servicefirma bietet dem Verlag oder dem Buchautor an, seine Bücher auf Ebook Files, beispielsweise Epub-Dateien, umzuladen und für den Ebook-Providern, wie beispielsweise Kindle, hochzuladen. Ein technischer Kopierschutz, zum Beispiel „digital watermarking", Adobe oder Apple DRM, ist notwendig, damit das Herunterladen und Verkaufen unterbunden wird.

2.37 Hosting von Websites

HINTERGRÜNDE
Wer im Ausland eine Webseite betreibt, hat in China schlechte Antwortzeiten. Zudem muss der Inhalt an Chinesische Verhältnisse angepasst werden.

WAS IST ZU TUN?
Das Hosting übernimmt eine professionelle lokale Firma, spezialisiert auf Hosting. Der Server sitzt in China, die Geschwindigkeit für Senden und Empfangen ist

entsprechend hoch.

2.38 Wasser- und Luftreinigungs-Konsortium

HINTERGRÜNDE
Die Wasser- und Luftreinhaltung liegt der chinesischen Regierung am Herzen, doch die Fähigkeiten und das Knowhow ist stark begrenzt. Für ausländische Firmen ist die Investition in China in „green technology" mit hohen Produktivität und Langzeit-Profit verbunden. Das Land profitiert aus der Nachhaltigkeit mit einem gesünderen und komfortableren Leben.

WAS IST ZU TUN?
Das Konsortium, bestehend bespielsweise aus deutschen Firmen, die sich entweder auf Wasser- oder auf Luftreinhaltung spezialisiert haben, bieten Service aus einer Hand an. Der Kunde bekommt nur eine Rechnung anstelle mehrere Rechnungen und hat bestenfalls nur einen Projektmanager als Ansprechperson. Beispielsweise strategische Partnerschaft aus Developer, Investoren, Designer mit lokalen Behörden für „Low Carbon"/"Green Image"/"eco-City".

2.39 Gartenzwerge und Butterdosen

HINTERGRÜNDE
Die moderne Chinesische Familie ist Pizza, trinkt Wein und ißt Eier und Brot mit Butter und Käse als Belag. Gartenzwerge mit Solarpanel auf dem Kopf oder Rücken beleuchten den Hauseingang. Die westliche Kultur wird nachgeahmt und ist in.

WAS IST ZU TUN?

Was China früher auf Messen für das Ausland produziert und verkauft hat, bespielsweise auf der zweimal jährlichen Yiwu Fair, wird in China gebraucht. Doch nicht einmal in der Metro oder Carrefour gibt es diese Haushaltsprodukte zu kaufen. Der Chinese bestellt diese Online und ist dann enttäuscht wenn das Teil nicht funktioniert oder zu klein oder zu groß ist. Kleine Läden, über das ganze Land verteilt, die Haushaltsgegenstände wie im Westen anbieten, sind gefragt.

2.40 Privates Arbeitsamt

HINTERGRÜNDE

Das staatliche Arbeitsamt in China ist eine reine Verwaltung und hat keine Aufgabe, für den Arbeitslosen eine Arbeit zu suchen. Der Arbeitssuchende muss im Internet surfen.

WAS IST ZU TUN?

Ein privates Arbeitsamt, bestehend aus mehrsprachiges Personal, das nicht verwaltet, sondern pro-aktiv für Chinesen und Ausländer berät, sucht und dafür eine Gebühr verlangen kann, gibt es noch nicht in China.

2.41 Arbeitslosenversicherung

HINTERGRÜNDE

Es gibt zwar eine Arbeitslosenversicherung für Chinesische Arbeitnehmer in China, nicht für ausländische Arbeitnehmer mit lokalem Vertrag. Es zahlt die Firma 2% vom Gehalt, 1% der Arbeitnehmer. Wer jedoch in China arbeitslos ist bekommt sehr wenig Geld vom Staat oder von der Versicherung. Zürst in der Gemeinde melden. Wenn 1-5 Jahre einbezahlt, 2 Monate nehmen. Wenn 5-10 Jahre 18 Monate. Wenn mehr als 10 Jahre, max 24 Monate Arbeitslosengeld. Das Arbeitslosengeld ist niedriger als das Durchschnittsgehalt vom ganzen Land. Die Lokale Gemeinde beschließt jährlich das Standard-Sozialhilfegeld, davon wird das Arbeitslosengeld berechnet, beispielsweise 120-150%.

WAS IST ZU TUN?
Eine private Arbeitlosenversicherung für Ausländer in China ist notwendig, die bei Arbeitslosigkeit einen Betrag weiterzahlt, der ein Leben in China ohne Einnahmen für einen definierten Zeitraum ermöglicht.

2.42 Kostenstrukturanalyse für die Industrie

HINTERGRÜNDE
Solange der Gewinn der Firma groß genug ist, wird nirgends gespart. Nur wenn er schrumpft, läuten die Alarmglocken. Doch in China ist Finanzcontrolling für die Herstellung der Werkzeuge und Produkte nicht ausgeprägt, das Knowhow fehlt.

WAS IST ZU TUN?
Im Einkauf muss vor der Vertragsunterzeichnung eine Kalkulation der Stückkosten um über den Preis verhandeln zu können. Im Verkauf muss eine an den Verkaufspreis angepasste Kalkulation vorliegen, damit dem Kunden der Preis schmackhaft gemacht und das Produkt verkauft werden kann. Diesen Service für Chinesische und Internationale Unternehmen übernimmt

eine Firma, die das Knowhow besitzt. Als Ergänzung zu der Kostenanalyse kann das Thema Lean Production oder MES (Manufacturing Execution System) mit angeboten werden, wenn das Wissen hierüber vorliegt, damit die Umsetzung des bei der Kostenanalyse herausgefundenen Verbesserungs-potentials aus einer Hand durchgeführt werden kann.

2.43 Ergonomie

HINTERGRÜNDE
Viele Chinesen und Ausländer sitzen den ganzen Tag im Büro, doch die Sitzgelegenheit ist nicht an der Person angepasst. Entweder es lässt sich nichts verstellen, oder die Person ist zu klein oder zu groß für den Verstellmechanismus.

WAS IST ZU TUN?
Gute ergonomisch durchdachte Sitzkonzepte sind noch nicht genügend auf dem Markt. Hier gibt es noch Marktpotential für bessere Schreibtischstühle für bessere Federung, Neigungswinkel, Höhenverstellungen, etc.

2.44 Ideen-Fabrik

HINTERGRÜNDE
In China gilt traditionell das Hierarchieprizip, das eine Selbständigkeit ausschliesst. Das Prinzip ist schon mehrere tausend Jahre alt und kann nicht so leicht geändert werden.

WAS IST ZU TUN?
Ein Ausbildungskonzept nach westlichem Vorbild für

Kreativität und das Erfinden von Ideen ist sicherlich eine Marktlücke. Hinzu kommen ein Mangel an Firmen, die Marketing für andere Firmen übernehmen, beispielsweise Erfinden von guten Trademarks.

2.45 Damen- und Herrenunterwäsche

HINTERGRÜNDE
Viele chinesische Männer und Frauen stehen auf nach natürlich riechende Unterwäsche, die Frauen auf Männerunterwäsche, die Männer auf Damenunterwäsche. Nur wo bekommt man diese her, das alles sehr frisch, damit sich der Duft nicht verflüchtigt?

WAS IST ZU TUN?
Der Onlineshop bietet eine große Auswahl an Damen- und Herrenunterwäsche, die bestellt und innerhalb wenigen Tagen geliefert wird. Auch ohne Onlineshop ist ein Vertrieb über Ebay (Westen) oder Ebay, Taobao (China) möglich.
Für eine Advanced Version kann der Duft und der Preis gesteigert werden, wenn die Unterwasche nicht nur für einen Tag, sondern 3 Tage oder eine ganze Woche getragen worden ist. Mit dem Zusatz" Natürlicher Duft garantiert, ohne Perfümzusatz".

2.46 Western Etikette

HINTERGRÜNDE
Immer mehr Chinesische Geschäftsleute reisen in den Westen. Sie werden zu Treffen, Meeting, Essen eingeladen und müssen sich entsprechend benehmen, um das Gesicht nicht zu verlieren und um einen

Geschäftsabschluß zu erzielen.

WAS IST ZU TUN?
Was fehlt, sind Kurse vor der Abreise. Bespielsweise
Konversation bei Tisch, wie trinkt man Tee im Westen,
wie verhalten sich die Damen beim Sitzen, etc. Diese
Kurse können über Fluggesellschaften oder Chinesische
Handelskammern angeboten und organisiert werden.

2.47 Investments für Events und Parks

HINTERGRÜNDE
Nicht immer übernimmt der Staat die Kosten für neue
Events oder Theme parks, wie beispielsweise DISNEY.
Der Operator braucht dringend Kapital zum Bauen und
zum Unterhalten bis der Gewinn sprudelt. Bis dahin sind
Investoren willkommen, es wird eine
Inhaberschuldverschreibung mit gutem Zinssatz
angeboten, ähnlich wie im Westen, Risiko inklusive.

WAS IST ZU TUN?
Was fehlt, ist die Übersichtlichkeit, wer bietet diese
Verschreibungen an, zu welchen Konditionen, wer ist der
Ansprechpartner, usw. Hierzu kann über eine Webseite
diese Informationen in Englisch zusammengefasst
werden. Die Vermittlung zu den lokalen Firmen wird mit
einer vorher vereinbarten Provison abgeschlossen.

2.48 Chinesische Krawatten

HINTERGRÜNDE
Wer in China privat einkauft, bekommt in vielen Shops
bunte Krawatten angeboten. Nach Verhandlung kosten

sie 12 RMB. Die Qualität ist zudem meist in Ordnung. Im Westen hingegen kosten Krawatten aus besserem Material und besserer Qualität ca. 40 EUR.

WAS IST ZU TUN?
Ein Onlineshop mit chinesischen Krawatten, die zu günstigem Preis innerhalb wenigen Tagen ausgeliefert werden können. Der Preis ist nach Qualität und Abnahmemenge gestaffelt. Details zum schnellen und preiswerten Erstellen von Onlineshops und Apps über Autoren.

2.49 Weekend Fun

HINTERGRÜNDE
„Sitting on your desk will kill you" macht darauf aufmerksam, das ein Leben hinter dem Schreibtisch ohne sportlichen Ausgleich tötlich ist.

WAS IST ZU TUN?
Ein Freizeitveranstalter für Berufstätige bietet Fahrrad- und Bergtouren an. Transport zum Ausgangsort der geführten Touren mit Reisebus, Zug oder Flugzeug. Kostengünstiger sind Touren auf eigener Faust mit Landkarten und Kontaktdaten zu Hotels oder B&B, organisiert vom Freizeitveranstalter oder eigene Telefonate.

2.50 Charity Organization

HINTERGRÜNDE
Die Welt muss besser werden. Hierzu muss das Geld richtig verteilt und die richtigen Produkte hergestellt

werden.

WAS IST ZU TUN?

Nicht nur *www.randomkid.org* macht es vor, wie es funktioniert. Auch Chinesische Investoren haben Ideen umgesetzt um Familien, Kinder oder ältere Menschen zu helfen. Hierzu kann entweder ein Fund gegründet oder Fachleute, wie beispielsweise Lehrer, gesammelt werden. Eine Idee wäre ca. 20000 blinde Menschen zu helfen wieder mit Sehgeräten und Operation sehen zu können.

3   Die Umsetzung der Geschäftsidee

3.1   Business Angels

WAS ICH UNBEDINGT BEACHTEN SOLLTE

In China laufen die Uhren vollständig anders als in Deutschland! Um von Anfang an Fehlschläge zu vermeiden, müssen Sie stets daran denken, dass Erfolgsmuster, die für Deutschland gelten, nicht auf China übertragen werden können. Für Firmengründungen in China benötigen Sie einen fachkundigen Rechtsanwalt in chinesischem M&A und Steuer-Recht. Adressen und Kontakte im Internet oder beim Autor. Doch bevor Sie eine Firma gründen benötigen Sie einen gut durchdachten Businessplan, den Sie am besten mit Freunden oder mit Beratern besprechen sollten, ob die angenommenen Zahlen realistisch sind. Suchen Sie im Internet hierzu Vorlagen, indem Sie in die Suchmaschinen „Business Plan Beispiele" eingeben. Beispielsweise *http://www.renex.org/files/downloads/2013_03_12_Businessplan.pdf* Für die Finanzierung zur Umsetzung der ausgewählten Idee gibt es mehrere Möglichkeiten: Banken, Eigenkapital, Business Angels. Wir wissen wie schwerfällig und bürokratisch Bankangestellte sind, wie gefährlich es ist, sein ganzes Eigenkapital einzusetzen. Am besten, Sie suchen einen Business Angel, der sich fachlich- und finanziell bei der Umsetzung der Idee unterstützt. Hierzu im nächsten Kapitel.

3.2   Die Finanzierung

Zu den Vorlaufkosten zählen nicht nur die zusätzlichen Personalkosten, sondern auch die notwendige intensive Informationsvermittlung über das eigene Unternehmen in englischer und chinesischer Sprache, die kostenlose

3 Die Umsetzung der Geschäftsidee

Lieferung von Warenmustern, die Erstellung von Pilotanlagen, Gespräche vor Ort mit Geschäftspartnern und Bürokratie, Reisekosten und Betreuung der Geschäftspartner und Bürokraten für den obligatorischen Deutschlandbesuch, Ausbildung der chinesischen Führungskräfte in Deutschland sowie Messen und Ausstellungen in Deutschland und China.

Voraussetzung für die Finanzierbarkeit sind Sondierungsgespräche über Kredite mit der Hausbank.

Die Finanzierungsschwierigkeiten werden noch zunehmen, wenn die Geschäftskontakte positiv verlaufen. Die Gründung einer Vertretung, Kooperationsgesellschaft oder Verkaufsniederlassung steht an.

Entscheidend hierfür ist ein Businessplan, der die Grundlage für eine betriebs-wirtschaftliche Überzeugung liefert, ob das Engagement in China finanziell umgesetzt werden kann. Diese schriftliche Gründungsplanung umfasst alle Bereiche und Funktionen des Unternehmens und ist zudem ein Planungs- und Marketinginstrument. Die Banken brauchen den Businessplan zum Überprüfen der Geschäftsidee, ob diese wirtschaftlich tragfähig ist. Sie analysieren Stärken und Schwächen, erkennen Chancen und Risiken, bevor sie entscheiden, ob sie sich als Kapitalgeber mit Krediten engagieren.

Eine Zusammenarbeit mit Unternehmen gleicher Größe und ähnlicher bzw. ergänzender Dienstleistungs- oder Produktpalette reduziert die Vorlaufkosten und sichert internationale Wettbewerbsfähigkeit im In- und Ausland. Dies ist beim Aufbau eines Informationsnetzwerks ebenso zu berücksichtigen wie obige Informationsquellen.

WAS ICH UNBEDINGT BEACHTEN SOLLTE

Weitere Kosten sind die Gefälligkeiten, die in der asiatischen Geschäftspraxis erwartet werden (der Deutsche würde „Werbegeschenke" sagen). Der deutsche Geschäftsmann muss diese Spielregeln beachten und mitspielen oder ganz auf das Chinageschäft verzichten.

Beispiel

Firmengemeinschaftsbüros

Erfolgsbeispiele sind Firmengemeinschaftsbüros und Firmenpools gleicher Interessen und Ziele in China. Siehe beispielsweise www.gtec.asia.
Die Koordination und Finanzierung unterstützt das Bundesland oder die Industrie- und Handelskammer. Letztere kennt die Asienprofis, so dass hier die Möglichkeit besteht, zu fragen, ob es asienerfahrene Unternehmen gibt, die unerfahrenen helfen, z. B. in Form von Überlassung eines Verkaufsbüros.

Die Finanzierung der Vorlaufkosten wird von keiner Bank ohne Absicherung getragen. Die Hausbank wird für eine Kreditaufnahme nicht nur einen ausführlichen Businessplan (siehe Anhang), sondern auch zusätzliche Sicherheiten verlangen (Haftung des Privatvermögens oder Lebensversicherungen). Nicht selten drängen die Banken darauf, sich nach möglichen Gesellschaftern umzuschauen, die zusätzliche Leistungen einbringen.
Professionelle Beteiligungsgesellschaften (Empfehlungs-adressen beim Autor erhältlich) bieten eine Alternative zu fremdfinanzierten Projekten, indem sie Risikokapital mit Eigenkapitalcharakter zur Verfügung stellen.
Die Personalkosten sind ein nicht zu unterschätzender Aspekt in der Finanzierung. Die Firma benötigt zusätzliche Außenhandelsfachleute und Führungskräfte mit Auslandserfahrung. Diese Führungskräfte müssen

die angebahnten Kontakte weiterentwickeln und die Firma nach außen vermarkten. Hierzu sind Produkt- und Unternehmens- sowie „Corporate-Identity"-Kenntnisse der deutschen Firma und Geschäfts- und Gesellschaftskenntnisse in China notwendig sowie eine permanente Anwesenheit als Vermittler zwischen der deutschen und der chinesischen Firma.

Beispiel

Unternehmensberatung

Profitable Kapitalanlagen, Projektfinanzierungs- und Investitionsservice für China, kostenlose Vermittlung von kostengünstiger finanziellen Unterstützung von Finanzunternehmen bei der Abwicklung und Absicherung von Klein- und Großprojekten (Automobilbau, Maschinenbau, Energieversorgung, Umweltschutz, High Technology) mit chinesischen Unternehmen. (privat oder staatlich).
Persönlicher Kontakt über Autor oder über www.expatratgeber.com

3.3 Sprachkenntnisse

WAS ICH UNBEDINGT BEACHTEN SOLLTE
Ein Haupthindernis für gute deutsch-chinesische Geschäftsbeziehungen ist unsere fehlende Kenntnis der chinesischen Sprache. Chinesen, die im Westen Handelsbeziehungen knüpfen wollen, eignen sich Grundkenntnisse der jeweiligen Landessprache an und machen sich mit Kultur, Tradition und Sitten der Region vertraut. Dadurch sind sie gegenüber unwissenden Konkurrenten im Vorteil. Wir wissen, wie außerordentlich erfolgreich chinesische Geschäftsleute im Westen sind. Warum verfahren wir nicht ebenso? Warum ignorieren beispielsweise so viele deutsche und amerikanische Geschäftsleute die Notwendigkeit, die chinesische

Sprache zu erlernen? Viele Bemühungen, in China Fuß zu fassen, sind allein aufgrund dieser Sprachbarriere gescheitert.

3.4 Informationsbeschaffung

WAS ICH UNBEDINGT BEACHTEN SOLLTE
Um einen Einblick in Chinas jahrtausende alte Kultur und in die sich daraus entwickelten Lebensbereiche zu bekommen, sollten Sie sich vor Ihrer ersten, organisierten Reise nach China umfassend informieren. Als Informationsquelle kann Ihnen außer dem Fachbuch oder der Fachzeitung, dem Fernseher und dem Internet auch Material der Germany Trade and Invest (ehemals Bundesstelle für Außenhandelsinformation) in Berlin/Bonn oder der chinesischen Botschaft in Deutschland dienen (Adressen im Anhang).
Auf Ihrer ersten Reise nach China sollte Sie der für das Auslandsgeschäft zuständige Mitarbeiter begleiten. Lassen Sie sich vorher in jedem Fall von der zuständigen Industrie- und Handelskammer bzw. von Fachverbänden und Vereinen beraten (Adressen, siehe Anhang). Diese führen regelmäßig Reisen nach China durch mit dem Ziel, marktunerfahrenen Unternehmern in Problemsituationen helfend und informierend zur Seite zu stehen. Bitten Sie darum, ihre individuellen Wünsche im Programmablauf unterbringen zu dürfen.
Um das Visum kümmert sich bei Gruppenreisen der Reiseveranstalter, bei Einzelreisen muss es über das Konsulat der chinesischen Botschaft in Bonn oder Berlin besorgt werden.
Geschäftsleute dagegen benötigen eine Einladung von chinesischen Behörden oder Firmen. Ohne Dokument sollten Sie sich als Tourist ausgeben.

Am Flughafen kann der Euro in Renminbi (RMB) umgetauscht werden. Mitzubringen sind gängige Kreditkarten als Geldreserve [1].

Beispiel

Deutsche Chinesische Kulturgesellschaft Berlin e. V.

Sie planen eine Reise nach Beijing, Xi'an, Wuhan, Chongqing und Shanghai. Vorgesehen sind außer der Anbahnung von Geschäftskontakten auch Empfänge und Stadtbesichtigungen. Dieser Verein veranstaltet in Zusammenarbeit mit dem Amt für auswärtige Angelegenheiten alljährlich eine spezielle Studienreise, um über die Sonderwirtschaftszonen zu informieren. Gleichzeitig werden auch bekannte Sehenswürdigkeiten Chinas besichtigt.
Siehe www.dckg.org

WIE VERHALTE ICH MICH?

Für Reisen in die Provinzen sind neben den empfohlenen Impfungen vorsorglich Moskitospray, Pflegemittel für trockene Haut und Lippen, ein Mehrzweck-Taschenmesser, Taschenwecker, Batterien und Speichermedien für Fotoapparat, Adapter für Elektrostecker, sowie Notizblock mitzunehmen.

Das Ergebnis der Informationsbeschaffung

Die Eindrücke der ersten Informationsreise sind oft maßgebend für eine Entscheidung über einen Markteinstieg. Sieht der Unternehmer Chancen für den Absatz seiner Produkte oder Dienstleistungen, wird er sich für eine bestimmte Region entscheiden, in welcher er diese anzubieten beabsichtigt.
Wer beim Durchreisen einzelner Provinzen aufmerksam die örtlichen Gegebenheiten registriert sowie in

eventuellen Gesprächen mit der Bevölkerung deren Wünsche notiert, wird schnell Marktlücken entdecken. Diese liegen hauptsächlich im Bereich alternativer Energien, medizinischer Versorgung, Transport und Kühlung von Produkten, Hausbau und Installation sowie im Ausbau des Tourismus. Projekte auf Anfrage beim Autor.

Der Markteinstieg

Der nächste Schritt ist die Prüfung, ob die vorhandenen unternehmerischen und betrieblichen Größen und Strukturen den Markteinstieg unterstützen oder behindern. Oft finden Chefs kleinerer Unternehmen keine Zeit oder können ihre Firma nicht 14 Tage lang alleine lassen.

Die Markterschließung im unbekannten China ist langwieriger als im vertrauten Europa. Der chinesische Geschäftspartner erwartet zudem eine besonders intensive und nachhaltige Betreuung.

Die ausgewählten Mitarbeiter müssen intensiv geschult werden: Grundkenntnisse von China, gesellschaftlicher Strukturen und Geschäftsgepflogenheiten.

Die Teilnahme an einer Messe in China ist am Anfang über eine Messegemeinschafts-beteiligung zu empfehlen. Der Messeausschuss der Deutschen Wirtschaft „Auma" veröffentlicht Broschüren über Gemeinschaftsbeteiligungen von Bund und Ländern (siehe Adressenverzeichnis). Aber auch hier muss der Unternehmer sich mit dem chinesischen Markt und der Mentalität beschäftigt haben.

3.5   Aufbau eines Netzwerks

Um zu entscheiden, auf welchem Weg die Marktbearbeitung zu erfolgen hat, sind die Kontakte aus Reisen, Messen und Gesprächen zu bewerten. In China kommen Geschäfte und Verträge nur in Ausnahmefällen schnell zustande. Der Vertrag dokumentiert nur eine grundsätzliche Übereinstimmung der Interessen, so dass ab Vertragsunterschrift die Verhandlungen erst richtig beginnen. Zudem werden Sie schnell erkennen, dass im Anfangsstadium des Geschäftsaufbaus eine Anwesenheit in China sehr oft erforderlich ist. Auch wenn Sie sich am Anfang nur auf Export eingestellt haben, werden Sie erkennen, dass dies nicht immer der beste Weg ist. Produkte lassen sich oft durch hohe Importzölle, fehlende Devisen oder zu hohe Preise nicht verkaufen.

WAS ICH UNBEDINGT BEACHTEN SOLLTE
Haben Sie an die Zusammenarbeit mit einer deutschen Anwaltsvertretung oder einem deutschen Anwalt in einer internationalen Anwaltskanzlei in China gedacht? Diese sondieren auf Honorarbasis die Kundenstruktur, bereiten Gespräche vor und nehmen an Treffen teil. Sie benötigen früher oder später sowieso einen Anwalt, da die bürokratischen, aufwendigen Genehmigungsverfahren von Laien nicht durchführbar oder ohne Anwalt gar nicht zulässig sind. Adressen der in China ansässigen Anwälte finden Sie bei der BfAI in Köln (siehe Anhang) oder bekommen Empfehlungen vom Autor.

Beispiel

Sonderkonditionen

In den ausgewiesenen chinesischen Wirtschaftssonderzonen in Pudong (nahe Shanghai) und Shenzhen (nahe Hongkong) bekommen ausländische Investoren Sonderkonditionen. Sie dienen dem Ziel, ausländisches Kapital anzulocken, am besten über die Produktion, sind aber für Chinaneulinge nicht geeignet. Für Interessierte sind Konditionen über den Autor, den Auslandshandelskammern, der Ostasiatischen Vereinigung Hamburg, der BfAI Köln oder der Außenstelle der chinesischen Wirtschaftsförderungsinstitution zu bekommen.

3.6   Was muss der Manager können?

Erfolgreiche Unternehmen gründen zügig Joint Ventures, Tochterunternehmen und Regionalbüros in China. Die Ausweitung des Chinageschäfts erfordert einen hohen Bedarf an Managern mit Erfahrung. Vielen Firmen ist nicht bewusst, wie langwierig es ist, geeignete Manager heranzubilden.

Es gibt zwei Möglichkeiten, einen passenden Manager zu gewinnen: den klassischen Festangestellten oder einen Manager auf Zeit. Beide sollten folgende Allround-Talente und Eigenschaften besitzen [3]:

▶ Sie müssen sich in der asiatischen Mentalität auskennen und Respekt vor der chinesischen Kultur besitzen,

▶ begeistert von China sein,

▶ hohe Frust-Toleranz haben,

▶ stark im operativen Geschäft sein,

▶ ruhig, gelassen, hartnäckig und doch heiter sein,

▶ flexibel, weltoffen, vorurteilsfrei sein,

▶ sich beherrschen können,

▶ Geduld und Lebenserfahrung haben,

▶ kommunikative und didaktische Fähigkeiten haben, um Willen, Wissen und Erfahrung weitergeben zu können,

▶ das Augenmerk auf langfristige Ziele richten, indem sie eine Vision haben oder eine Mission erfüllen und

▶ dem Unternehmen zum Erfolg verhelfen wollen.

Beispiel

Manager auf Zeit

In dem Zusammenhang ein Brief eines deutschen Managers aus China, der für sich selbst sprechen mag:
Wenn ich die Schriftsprache können würde, würde dies sicher helfen, sich noch ein bisschen einfacher zurechtzufinden, aber dank Nutzung von Englisch im Büro und den meisten Geschäften ist es auch ohne Chinesischkenntnisse nicht schwer, über Wasser zu bleiben.
Ich selbst habe keine Ambitionen, die Sprache zu erlernen. Hier zu leben ist eine interessante Erfahrung. Wenn die Arbeit nicht wäre, man hätte genügend Sehenswürdigkeiten und Neuerungen, die Zeit auszufüllen.
Der intensive Umgang mit den chinesischen Menschen, den Arbeitsbedingungen, dem sehr mangelhaft ausgebildeten Qualitätsbewusstsein, dem sehr mangelhaft ausgebildeten Sauberkeitssinn, dem nicht vorhandenen Teamgeist, dem extremen Egoismus usw. macht einen längeren Aufenthalt jedoch auch mühsam.
Grüße

WAS ICH UNBEDINGT BEACHTEN SOLLTE
Gründe, die für einen Deutschen mit der notwendigen Einstellung zur chinesischen Kultur sprechen, sind:

▶ Er hat die Schlüsselrolle in der Aufbauphase, um die Firma entsprechend der Unternehmenskultur und Vorgehensweise des Mutterhauses aufzubauen.

▶ Er vertritt das Unternehmen als Mitglied der Firmengruppe trotz aller Besonderheiten in China.

▶ Die chinesischen Behörden und Geschäftspartner wollen einem Ausländer gegenüberstehen, der die Firma „mit Haut und Haar" bei Verhandlungen und Vertrags-abschlüssen repräsentiert.

Die richtigen Strategien

Werden die Führungsebenen beispielsweise mit chinaunerfahrenen Personen besetzt, um jungen

Stammhausmitarbeitern die Chance zum Sammeln von Auslands- und Führungserfahrung zu geben. Diese Entscheidung weckt negative Eindrücke bei chinesischen Kollegen, da sie Kompetenz erwarten, von der sie etwas lernen können. Fehlendes Führungspotential oder mangelnde Fachkompetenz wird von den Chinesen schnell entdeckt. Der Mitarbeiter wird nicht anerkannt und isoliert. Der geschäftliche und persönliche Misserfolg ist vorprogrammiert. Deshalb auch hier: Führungspotential sowie Kenntnisse über Produkte, Märkte und Profil des Stammhauses sind in allen Führungsebenen notwendig.

Die Loyalität der Mitarbeiter gegenüber der Stammfirma ist hoch und die Fluktuationsrate sehr niedrig, wenn Mitarbeiter über Guanxi, d.h über Empfehlungen von guten Freunden, Bekannten und zuverlässigen Mitarbeitern, gewonnen werden. Chinesische Firmen stellen Mitarbeiter nur über Guanxi ein, weil persönliche Beziehungen sehr hoch bewertet werden. Zudem wird der Mitarbeiter den Vermittler nicht das Gesicht verlieren lassen wollen. Diese Verpflichtung reduziert die Gefahr einer Kündigung drastisch.

3.7 Beziehungen aufbauen

Guanxi (Beziehungen)

Dieses Wort ist der Schlüssel zu Erfolg oder Untergang in China. Egal, ob man sich persönlich verdient gemacht hat, rechtschaffen lebt und arbeitet, begründete Ansprüche geltend macht oder alle Gesetze beachtet, ohne persönlichen Einfluss und mächtige Beziehungen ist man nicht viel wert. Die Bedeutung des Wortes Guanxi ist durch die 5.000-jährige Geschichte vielschichtiger als der Nutzen von Beziehungen in Deutschland. In China wird nicht nach den Fähigkeiten beurteilt, sondern nach

Hou Tai (bedeutet „hinter den Kulissen") und Guanxi. So können unter Umständen unfähige Mitarbeiter befördert und fähige entlassen werden.

WIE VERHALTE ICH MICH?

In China, mit seinen niedrigen Gehältern und teuren Dienstleistungen, ist es für die Existenz der Chinesen und des deutschen Geschäftsmannes wichtig, jemanden zu kennen, der „an der Quelle" sitzt und gefälligerweise diese erwünschte Dienstleistung erbringt.

Zudem baut die konfuzianische Staatslehre nicht auf Gesetze, sondern auf Moral, Freundschaft, Loyalität und soziale Absicherung durch Großfamilie und Kontakte.

Beispiele

Gesellschaftliche Kontakte

Nehmen wir das Beispiel Einführung in Unternehmen. Ein Einführungs- oder Empfehlungsschreiben sowie der gezielte Einsatz von Beziehungen öffnen Tür und Tor. Deutsche Unternehmen sparen daher viel Zeit und Geld, wenn sie von den richtigen Personen eingeführt werden. Wer unangemeldet und alleine in chinesische Firmen oder Bürokratie vordringen will, ist zum Scheitern verurteilt.

Um gesellschaftlichen Kontakt zu pflegen und sich gegenseitig zu unterstützen, siedeln sich Chinesen im Ausland meist in direkter Nachbarschaft zu ihren Landsleuten an. Chinesen sind im Allgemeinen heimatverbunden. „... Daher entsteht oft eine tiefe, herzliche Beziehung, wenn jemand den gleichen Namen trägt oder aus demselben Ort oder derselben Provinz kommt." [6]

Chinesen mit gleichem Namen sollen angeblich von den gleichen Urahnen abstammen. Dieser Glaube und die daraus entstehende familiäre Bindung machen die chinesische Gesellschaft unzerstörbar. Um diese kulturelle Bindung aufrechtzuerhalten, schließen sich im Ausland lebende Chinesen mit gleichem Namen in Vereinen zusammen [6].

WAS ICH UNBEDINGT BEACHTEN SOLLTE

Wer über Guanxi eine Dienstleistung verrichtet

bekommen hat, wird diese Hilfe in Form einer gleichwertigen Vergütung honorieren, z. B. mit Essen oder einem Geschenk gleichen Wertes wie die Dienstleistung.

Der Chinese baut das Netz aus Bekannten und Freunden nach dem Nutzwert auf. Bei Gesprächen über Personen ist vorrangig nur wichtig, welche Beziehungen diese zu einflussreichen Persönlichkeiten haben. Das wäre legitim, wenn auch aus deutscher Sicht moralisch etwas verwerflich, doch wird zudem der Nutzen meistens durch Korruption erkauft.

Das aufgebaute Beziehungsnetz wird in Personen als Vertraute (Shou ren) und als Fremde (Sheng ren) eingeteilt. Shou ren sind solche, die der Chinese persönlich kennt und denen er sich zugehörig fühlt, denen man sich großzügig zeigt und verpflichtet fühlt, z. B. mit Dienstleistungen aller Art. Sheng ren sind Leute, mit denen man keine Geschäfte macht, auch wenn sie einen höheren Preis bieten.

Wer mit Chinesen befreundet ist, geht als Shou ren Verpflichtungen ein, die ein Deutscher nicht unbedingt kennt.

Beispiele

Freundschaften und Verpflichtungen

Beispiel 1: Ich habe in meinem Haus ab und zu Freunde aus China, die kostenlos bei mir wohnen und essen. Diese Beziehungen sind sehr hilfreich: Als ich mit einer befreundeten Geschäftspartnerin in Shanghai geschäftlich unterwegs war, behandelten mich ihre Freunde wie meine Freunde. Beratungen waren kostenlos, Einkäufe waren spottbillig, ärztliche Behandlungen waren frei.

Beispiel 2: Als ein chinesischer Geschäftsmann in Deutschland für einige Mio. Euro Rohstoffe einkaufen wollte, wurde er von einem deutschen Verkäufer umworben. Beide freundeten sich an, und nach ein paar Wochen waren sie sich vertragseinig. Der Chinese bat den Deutschen dann um einen kleinen Gefallen. Er wollte, dass seine

Tochter, die ein Jahr in Heidelberg studieren wollte, bei ihm wohnen kann. Der Deutsche lehnte mit der Begründung ab, sein Haus sei zu klein für eine zusätzliche Person. Der chinesische Geschäftsmann schloss den Vertrag bei der Konkurrenz ab, da man ihm dort gleich ein Gästezimmer für seine Tochter anbieten konnte.

Warum ist das so?

Für die meisten Chinesen sind Geschäftsfreunde im Westen wichtig, da durch sie das Ansehen steigt und die Chance besteht, ein lukratives Geschäft abschließen zu können. Je erfolgreicher das Geschäft, desto höher werden die Leistung und der Prestigegewinn eingeschätzt.

In der Regel gibt es aus chinesischer Sicht drei Typen westlicher Geschäftsleute: den Laien in Sachen China, den informierten Geschäftsmann und den angeblichen China-Experten.

Der Laie ist freundlich aus Unsicherheit, wagt nicht, seine Meinung zu äußern oder Fragen zu stellen, entweder aus Angst, die Chinesen zu beleidigen, oder aus Unkenntnis der Kultur und Sitten. Er richtet sein Verhalten an den Erwartungen der Chinesen aus, wird um den Finger gewickelt, ohne es zu merken, und gefährdet somit seine Verhandlungsposition. Keine Frage, diesen Typ mögen die Chinesen.

Der informierte Geschäftsmann lässt sich nicht einschüchtern und prahlt nicht mit seinem China-Wissen. Er möchte ein realistisches Bild von den Chinesen gewinnen und alle ihre Stärken und Schwächen erkennen. Auch dieser Typ ist den Chinesen sympathisch.

Der dritte Typ gibt sich als China-Experte. Er täuscht vor, chinesisch zu sprechen, liest jedoch englisch- oder deutschsprachige Zeitungen aus dem Ausland, um sich seine Meinung zu bilden. Er gibt an, mit Stäbchen essen zu können, die chinesische Geschichte und Philosophie zu kennen, die Meinung der Chinesen selbst verschmäht er allerdings. Dass dieser Typ von den Chinesen nicht akzeptiert wird, ist nur natürlich.

Um das Vertrauen zu gewinnen, sollten die von Chinesen geschätzten Eigenschaften herausgekehrt werden: Beharrlichkeit, Ausdauer, Geduld, Beständigkeit, Berechenbarkeit und Aufrichtigkeit. Dieser positive Eindruck wird nach einer gewissen Zeit auch vom chinesischen Geschäftspartner honoriert. Es kann drei bis vier Jahre dauern, bis der „Newcomer" als „old/very old friend" eingestuft wird. Deshalb sollte man sich anfangs nicht durch enttäuschende Resultate aus der Ruhe bringen lassen, sondern Loyalität, Zähigkeit und Gleichmut zeigen. Es besteht die Aussicht, sukzessive höher eingestuft und entsprechend am Geschäft beteiligt zu werden. Chinesen schätzen eine langjährige Geschäftsverbindung sehr hoch ein, denn in dieser Zeit können die Qualitäten bewiesen werden.

Herausforderungen an die Beziehung

Gehören Sie zu den „old friends", wird erwartet, dass Sie Ihren Partnern Verständnis und Entgegenkommen zeigen. Der Chinese wird versuchen, aus dem Kontakt zum deutschen Geschäftsmann den größtmöglichen Nutzen für sich und seine Familie zu ziehen.

Bild 3: *Gute Freundschaften sind für gute Geschäftsbeziehungen notwendig*

Wenn ein Chinese in Deutschland studieren möchte, verlangt das Land bzw. das Studentenwerk eine notariell beglaubigte Bürgschaft von einem Deutschen, eine Kaution oder den Banknachweis regelmäßiger Geldeinnahmen, andernfalls wird der Student nicht zugelassen. Deshalb verlangen die Chinesen oft die Übernahme einer Bürgschaft für einen ihrer Söhne, Töchter oder Verwandten. Dabei verweisen Sie darauf, dass dies lediglich eine Formalität sei und sie keinesfalls dem deutschen Geschäftsmann zur finanziellen Last fallen wollen. Sie müssen Vor- und Nachteile gründlich abwägen. Da in China Bescheinigungen, Zeugnisse oder Urkunden oft über Beziehungen ausgestellt werden, geht der Chinese davon aus, dass in Deutschland eine Bürgschaft auch keine große Bedeutung hat. Er wird nicht glauben, dass der Bürger letzten Endes tatsächlich zahlen muss.

3.8   Gesellschaft und Mentalität

WAS ICH UNBEDINGT BEACHTEN SOLLTE
Eine persönliche Beziehung zu Ihrem Geschäftspartner
ist für den erfolgreichen Geschäftsabschluss wichtig.
Zeigen Sie deshalb zunächst lediglich Interesse an der
Person und stellen Sie möglichst persönliche Fragen, um
nicht gleich geschäftstüchtig zu erscheinen.

Konfuzianismus

Er bestimmt, dass die Autorität übergeordneter Personen
bedingungslos   anerkannt   werden   soll:
Herrscher/Untertan,   Vater/Sohn,   Mann/Frau,
älterer/jüngerer Bruder. Eine Maxime davon ist, „dem
Volke   zu   dienen" und   somit   eigene   Interessen
zurückzustellen.

Individualismus

Chinesische Führer, vor allem Sun Yat-sen, der Vater des
modernen Chinas, wollen die chinesische Einheit. Da
jeder Chinese seine eigenen Prioritäten hat, die ihm
wichtiger sind als das Wohlergehen des chinesischen
Volkes, ist die Einheit weder in der Wirtschaft noch im
Staate verwirklicht worden. Jeder Chinese denkt zuerst
an sich, darf es aber nicht erkennen lassen. Zudem
fassen Chinesen die Freiheit als Anarchie und Unordnung
auf. Für Chinesen ist Individualismus gleich Egoismus;
offen gezeigter Individualismus stößt auf Unverständnis.
Wenn jemand mehr leistet, sich also hervortut, sind
Kritiker sofort zur Stelle und Intellektuelle verzichten oft
auf Veröffentlichung einer Arbeit, da sie Angst haben, als
Individualisten zu gelten.
Chinesen können nicht zusammenarbeiten, jeder kämpft
für sich. Jeder fürchtet, der andere könnte durch ihn

profitieren. Mehrere Chinesen streiten sich zuerst, ehe sie zusammenarbeiten und einen Beschluss fassen. Doch dann setzt jeder um, was er ohnehin zu tun gedachte. Familien- und Eheprobleme werden nicht offen ausgetragen aus Angst davor, dass sich jemand einmischen könnte.

Tipp
Hüten Sie sich bitte vor Generalisierungen. Auch wenn Chinesen aus unserer Sicht so oder so sind, so sollten Sie im direkten Kontakt immer erst den Menschen sehen.

Egoismus, Neid und Gesichtsverlust

Chinesische Verwaltungen streben danach, Reibungen zu vermeiden. Erfolge werden nicht angestrebt. Diese Einstellung wirkt sich auf die Wirtschaft negativ aus, weil bekanntlich ein erfolgreiches Unternehmen ein Maximum an Gewinnen erwirtschaften muss. So kann es geschehen, dass z. B. eine Abteilung günstig im Ausland einkaufen, die andere günstig im Inland fertigen und Produkte exportieren will. Jeder Bereich hat eigene Ziele. Dass die Erlöse der Einkaufsabteilung direkt in der Exportabteilung aufgezehrt werden, ist nicht das Problem dieser Abteilungen. Andere kümmern sich nicht darum, um Reibungen zu vermeiden.

Nicht nur auf der sachlichen Ebene sind die unterschiedlichen Ziele zu begründen. Unter den Chinesen entsteht oft eine Missgunst, die es nicht erlaubt, dass Freunde, Bekannte, Konkurrenten oder Unbekannte Erfolge haben dürfen. Chinesen gönnen anderen Chinesen nichts. Glücklicherweise ist diese Missgunst nur nach „innen" und nicht auf Ausländer gerichtet.

Diese Konkurrenz der Chinesen untereinander gipfelt häufig in der Furcht vor dem mittlerweile weltbekannten „Gesichtsverlust", was bedeutet, dass das

Selbstwertgefühl leidet. Dem Selbstwertgefühl der Chinesen schmeichelt z. B. eine unerwartete Beförderung, eine bestandene Prüfung des Sohnes oder der Tochter, die Heirat der Tochter mit einem reichen, angesehenen Mann, gut bezahlte und angesehene Berufe in der Verwandtschaft. Auch teuere Geschenke oder Verträge mit Großunternehmen von Weltruf bringen Ansehen. Nachteile und Versagen sowohl geschäftlich als auch privat führen zwangsläufig zum „Gesichtsverlust".

So ist es nicht verwunderlich, wenn kleine oder mittelständische Unternehmen in China häufig Schwierigkeiten haben, Fuß zu fassen, da die Geschäftsbeziehungen mit ihnen kein großes Ansehen bringen oder sogar zum Gesichtsverlust führen. Dabei spielt natürlich die Meinung der Chinesen, dass größere Unternehmen stabiler und sicherer sind und eine Geschäftsbeziehung mit ihnen dauerhafter ist, ebenfalls eine Rolle, wenn auch nur untergeordnet.

Um in der Öffentlichkeit gut dazustehen, muss der Schein des Wohlstands und des Reichtums gewahrt werden. Natürlich muss man gut aussehen. Abgezehrtheit, schlechte Haut und Falten zeugen von Armut und führen zu „Gesichtsverlust".

Bescheidenheit

Um Bescheidenheit zu zeigen, werden Chinesen oft etwas anderes sagen, als sie meinen oder denken. Sie sagen z. B., dass sie für Computerarbeiten nicht geeignet seien. Das Ritual schreibt dann vor, dass der Gesprächspartner diese Bescheidenheit erkennt und dann seinen Partner von seinen Fähigkeiten überzeugt. Würde der Gesprächspartner diese Bescheidenheit nicht erkennen und die Beteuerungen für ehrlich und aufrichtig halten und nicht weiter darauf reagieren, würde er einen Feind mehr haben.

Beispiel

Gesichtsverlust

Eine gut bekannte Chinesin, die seit einiger Zeit in Deutschland lebt, sagt auffallend oft zu mir, dass die Lebenshaltungskosten in Deutschland sehr teuer seien, sie aber genug Geld habe. Sie denkt sicherlich, dass ich sie nur nach Wohlstand oder Armut beurteile. Zudem legt sie sehr viel Wert auf nahrhaftes Essen, das die Haut schön macht, so z. B. das zarte Fleisch von Hühnerfüßen oder Erdnüsse. Sie weiß, dass sie gut aussehen muss, wenn sie nach China zurückkehrt, um keinen „Gesichtsverlust" zu erleiden.

Beziehungen

Das Zusammengehörigkeitsgefühl der Chinesen ist sowohl im In- als auch im Ausland sehr ausgeprägt. Gemeinschaft bedeutet Familie, Sippe, Freunde, Bekannte, Belegschaft und Landsmannschaften (unterteilt nach Ortschaften, Regionen, wie z. B. Beijing). Gerät ein Mitglied in Not, wird es finanziell und mit Rat und Tat unterstützt (Prinzip der Gegenseitigkeit).

Um die Sippe zu vergrößern und nützliche Beziehungen aufzubauen, überbringt man Geschenke und lädt zum Essen ein. Wenn Sie zu diesen Shou ren gehören, werden Sie Geschäfte machen, auch wenn die Konkurrenten billiger sind. Der Schwerpunkt liegt auf der Betonung der persönlichen, alten Beziehung (alter Freund/Schulkamerad/Geschäftspartner).

3.9   Unterschied in der Denkweise

WAS ICH UNBEDINGT BEACHTEN SOLLTE

Der Unterschied zwischen deutscher und chinesischer Denkweise

Die Chinesen richten den Blick in die Vergangenheit, wollen an Erprobtem festhalten. In der Kontinuität liegt die Stärke. Der Deutsche wird getrieben von einem Innovationsdrang, der auf die Chinesen lebensbedrohlich wirkt.

Der Chinese sucht die Harmonie, der Deutsche den Widerspruch. Er soll Antrieb und Fortschritt bringen.

Die chinesische Kultur baut auf die positiven und negativen Urkräfte (Yin und Yang). Geschwungene Linien sind ein ästhetischer Ausdruck der Kultur (z. B. geschweifte Walmdächer, Brücken, Kalligraphie, Pinselstriche).

Die Chinesen konzentrieren sich auf den momentanen Zustand und die momentane Glückseligkeit und Zufriedenheit. Sie sind glücklich, wenn sie ausgeglichen und zufrieden sind, Geduld zeigen und im Einklang mit der Natur leben. Glück und Unglück wechseln sich immer ab. Eile, Hast und Stress sind dem Chinesen zuwider. Chinesen lieben eine heitere und weise Lebensphilosophie.

Nur wenn das Maß voll ist, schließen sich die Menschen zu Aufständen zusammen.

Höflichkeit regiert im privaten Bereich. In öffentlichen Bereichen (z. B. Dienstleistungen) herrschen Wortkargheit und schlechter Umgangston, Ungeduld und Lustlosigkeit. In unkündbarer Stellung ist es egal, ob und was man verkauft.

Sind Misstrauen und Skepsis der Grund für zuvorkommende oder ablehnende Behandlung? Wird überall

Opposition vermutet? Das Nichteinmischen in Angelegenheiten anderer ist Selbstschutz. Der Mensch ist gut oder schlecht: Schwarz-Weiß-Malerei.

Ein Eingeständnis, versagt zu haben, bedeutet Gesichtsverlust. Der Chinese gibt keine Fehler zu, sie werden vertuscht, man sucht nach Ausreden. Der Schein muss gewahrt bleiben. Wer Geschäfte macht, muss über ein repräsentatives Büro und Räumlichkeiten verfügen, ansonsten verliert er sein Gesicht.

Gefühlsregungen darf man keinen freien Lauf lassen. Öffentlicher Austausch von Zärtlichkeiten zwischen Mann und Frau sind verpönt. Zum konservativen Lebensstil gehört auch, Frauen nicht voll ins Gesicht zu schauen.

Wer Geld hat, gibt es für Essen aus. Reichtum wird außerhalb der Geschäftswelt nicht zur Schau gestellt (z. B.: Inneneinrichtung, Kleidung etc.).

Kleidung muss außerhalb der Geschäftswelt in erster Linie bequem und praktisch sein. Japaner achten mehr auf ihre äußere Erscheinung. Seit der Revolution sollte man durch Mode nicht auffallen. Je ärmlicher die Kleidung, desto revolutionärer wirkt man. Kinder werden dafür hübsch und bunt gekleidet. Shanghai setzt die Modemaßstäbe. Hübsche Kleidung gibt es in Shanghai. Die Shanghaier haben somit den Ruf, durch ihr schickes Äußere ihre politische Gesinnung zu vernachlässigen.

Die Kleidung wird im sogenannten Zwiebelsystem angelegt. Bei Kälte mehrere Schichten übereinander, die bei Wärme wieder abgelegt werden.

Obwohl die Chinesen als geschäftstüchtig gelten, ist ihre Risikobereitschaft begrenzt. Mit ein Grund ist die Sorge ums Alter. Die Städter sind an ein Rentensystem angeschlossen, die Auslands-Chinesen müssen sich selbst ein Polster fürs Alter ansparen.

Bescheidenheit ist eine bewährte Tugend der Chinesen, um keinen Neid zu erregen und keine Nachteile zu bekommen. Ein Sprichwort sagt: „Nur ein ganz normaler Baum wird nicht beachtet. Ein Baum aus besonderem Holz wird durch die Axt sterben." Vorträge werden mit Sätzen wie „ich verstehe nicht viel davon", „ich erzähle nur Unsinn", „ich bin auf diesem Gebiet nicht kompetent", „die Zuhörer sollen Nachsicht walten lassen aufgrund der fehlerhaften Ausführungen" gehalten. Die Zuhörer werden freundlich abwehren und sagen, dass der Redner nicht höflich zu sein brauche.

Auch erfolgreiche Geschäftsleute versichern stets, dass das Geschäft nur sie und ihre Familie vor dem Hunger rettet. Es empfiehlt sich für einen Deutschen, sich ähnlich zu verhalten und auf Selbstgefälligkeit, Stolz und Arroganz zu verzichten.

Aufbau von Geschäftsbeziehungen

Wenn Sie Geschäftsbeziehungen zu Banken und Ämtern, wie z. B. dem Finanzamt, Industrie-Handels-Verwaltungsamt, Staatsplanungs-/Verwaltungsamt, Ökonomie- und Handelsamt aufbauen möchten, dann denken Sie daran, dass hierzu die sozialen Kontakte am wichtigsten sind. Sie erhalten sie über Einladungen zum Essen, zur Reise oder durch Geschenke. Wenn Feste anstehen, sollten Einladungen und Geschenke überreicht werden.

So müssen nicht nur die Geschäftspartner umworben werden, sondern auch die chinesischen Wirtschaftsfunktionäre. Hierbei sind ebenso bestimmte Umgangs- und Höflichkeitsformen einzuhalten, wie z. B. Pünktlichkeit bei Terminen, Vermeiden direkter Beschwerden, Äußerungen von Enttäuschungen, Respektieren der hierarchischen und protokollarischen Rangordnung, Einhalten der Rituale, Tischsitten und Sitzordnung. Eine Tischsitte ist es z. B., nicht nur über Geschäfte zu reden, eine andere, nicht nur auf das alleinige geschäftliche Wohl zu trinken [1].

WAS ICH UNBEDINGT BEACHTEN SOLLTE

Sie entdecken kulturelle Unterschiede und geistige Barrieren (z. B. in Bezug auf Neugier, Offenheit, Kritik, Lärm, Hektik, Reinlichkeit). Respektieren Sie die einheimische Kultur, und Sie kommen Ihrem Ziel ein gewaltiges Stück näher:

▶ Akzeptieren Sie die ortsüblichen Geschäftssitten.

▶ Stellen Sie keine Vergleiche zwischen ortsüblichen und westlichen Methoden oder Kulturen an.

▶ Lernen Sie die einheimische Sprache (einfache Begrüßungsworte). Sie zeigen Achtung vor Land und Kultur.

▶ Bringen Sie keinen Vergleich mit anderen asiatischen Kulturen.

▶ Vermeiden Sie es jedoch, in Ihrem Verhalten allzu asiatisch wirken zu wollen.

▶ Analysieren und übernehmen Sie die Neigung zu strategischem Denken.

Kriminalität, Korruption, Bestechung und Bürokratie

Ausländer haben, außer vor Taschendieben, meist wenig zu befürchten, weil die Strafen sehr hoch sind. Doch Geld und Wertsachen dürfen nicht unverschlossen in Hotelzimmern herumliegen.

Die Korruption ist schon mehrere tausend Jahre alt. Noch heute werden korrupte Parteifunktionäre überführt. Allerdings ist es nicht mehr verboten, reich zu werden. Jeder Chinese versucht, auf jede denkbare Art und Weise an Geld zu kommen.

Der Bauer spezialisiert sich beispielsweise auf beliebte

Gemüsesorten und verkauft sie meistbietend. Der Taxifahrer fährt auf eigenem Tarif Touristen. Nur Funktionäre und Mitarbeiter staatlicher Betriebe haben ein Fixgehalt, das nicht mit der Inflation mithält, so dass Korruption einen guten Nährboden hat. Dienstleistungen werden vielfach nur mit Zusatzkosten angeboten, obwohl sie offiziell im Preis inbegriffen wären.

Wer einen Handwerker braucht, muss zusätzlich Geld oder Geschenke geben. Wichtige Angelegenheiten werden beim Festschmaus besprochen und erledigt.

Geschäfte mit chinesischen Firmen macht man nur, wenn gute Beziehungen aufgebaut und an die richtigen Personen Geschenke verteilt werden.

Einen guten Job bekommt man nur über Beziehungen im Verwandten- und Freundeskreis. In der chinesischen Verwaltung sitzen massenweise unfähige Mitarbeiter an wichtigen Stellen, während die fähigen nur ins Ausland abwandern können. Die Bürokratie gefährdet so die chinesische Gesellschaft.

Deutsche Firmen beklagen sich über das mangelnde chinesische Verständnis, dass eingeführte Waren nicht nur westlicher Profit sind, den es zu minimieren gilt, sondern auch den Chinesen hilft. So sind Waren schwer aus dem Zoll zu bekommen, wenn man die chinesische Unterstützung nicht honoriert. Zudem ist der Warentransport aus dem Landesinneren zu den See- oder Flughäfen nur dadurch zu sichern, dass die Unterstützung durch die vielen offiziellen und privaten chinesischen Kontrolleure auf der Strecke honoriert wird. Die staatlichen Behörden dulden diese Wegezölle.

Entwickeln von Strategien

Bereits Kleinkinder werden trainiert, ihre alltäglichen Probleme durch Strategien zu lösen. Die Chinesen versuchen, allen Herausforderungen durch formalisierte

Strategien zu begegnen. Intuition und gesunder Menschenverstand sind ihnen fremd. Eine chinesische Geschäftsstrategie ist es, angekündigte Beiträge zu einer gemeinsamen, freundschaftlichen Geschäftsbeziehung nicht oder nur unvollständig zu erfüllen und durch permanentes Austesten des Verhandlungsspielraums bei Geschäftspartnern zusätzliche Zugeständnisse zu erwirken.

Der deutsche Geschäftspartner ist somit dauernden Nachverhandlungen ausgesetzt, nachdem er einen Vertrag unterschrieben hat und am Ende seines Ziels angekommen zu sein scheint.

Bei Verhandlungen für ein Joint-Venture-Unternehmen z. B. kann der „Spieß umgedreht" und dieses chinesische Geschäftsgebaren zum eigenen Vorteil umgesetzt werden.

WAS ICH UNBEDINGT BEACHTEN SOLLTE

Der Anreiz zu einem Joint-Venture-Unternehmen besteht bei chinesischen Firmen im ausländischen Know-how-Transfer. Machen Sie mündlich oder schriftlich relativ großzügige, global abgefasste Zugeständnisse, so gewinnen Sie zusätzlich staatliche (politische und administrative) Unterstützung und haben zugleich ausreichend Spielraum für Nachverhandlungen während der Betriebsphase. Kündigen Sie an, dass Neu- und Weiterentwicklungen im deutschen Stammhaus mittelfristig als Know-how transferiert werden. Sie signalisieren somit langfristiges Interesse am Joint-Venture-Unternehmen und versprechen den Chinesen weiteren Nutzen am Gemeinschaftsunternehmen. Sie bekommen schnell die begehrte „Business Licence" und die Registrierung, was sonst erst nach mehreren Monaten schwieriger Verhandlungen erzielt werden könnte. Ein nicht minder wichtiger Nebeneffekt ist das

Ausbooten der deutschen oder ausländischen Konkurrenten, indem man ihnen einen interessanten chinesischen Joint-Venture-Partner weggeschnappt hat.

3.10 Finde heraus: „Wer ist wer?"

Die Bürokratie in China hat eine 2.000-jährige Tradition. Der Kompetenzwirrwarr ist groß. Nicht einmal die Chinesen steigen da durch. Die deutschen Geschäftsleute wählen daher oft die falschen Ansprechpartner bei den Verhandlungen.

So kann es z. B. passieren, dass für das Zustandekommen eines bestimmten Projekts monate- oder jahrelang mit viel Kapitaleinsatz ein Ministerium umworben worden ist, das am Schluss doch nicht zuständig war.

Oft werden auf Kosten der Firma die Beamten nach Deutschland geflogen und dort mit wertvollen Geschenken überhäuft, weil ihnen eine Schlüsselfunktion im Projekt zugeschrieben worden ist. Letzteres beweist sich doch sehr oft als Trugschluss. Wahrscheinlich geschieht dies alles unter Zeitdruck, denn Zeit ist bekanntlich Geld. Geduld wäre hier passender und kostensparender. Betrachten wir die Japaner. Wie gehen sie vor, wenn sie in China Geschäfte machen wollen? Ganz einfach: Sie beobachten so lange, bis sie sicher sind, wer zuständig ist, und setzen sich dann erst an einen Tisch, oft mit viel Erfolg, ohne großen Kostenaufwand.

Hou tai (hinter den Kulissen) spielt in China bei Entscheidungen eine große Rolle. Deutsche Geschäftsleute glauben, dass der Chef in staatlichen Firmen und Behörden entscheidet. Dies ist oft falsch. Die hochrangigste Person entscheidet. Wer ist hochrangig? In China zählen Lebensalter und Beziehungen (zur Regierung oder Partei) viel mehr als der Cheftitel. Der

Chef erwartet sogar, dass diese hochrangige Person als sein Untergebener die Entscheidungen trifft. Es ist daher für deutsche Geschäftspartner wichtig, diesen wirklichen Entscheidungsträger ausfindig zu machen und mit ihm Kontakt aufzunehmen.

Eine einfache Regel hilft gelegentlich: Derjenige, der am ruhigsten in der Ecke sitzt, hat meist das Sagen.

Durch die Zunahme der Privatunternehmen mit einem Chef an der Spitze des Unternehmens verschwinden allmählich die Kulissen, hinter denen sich Entscheidungsträger verstecken. Meist sind es die Chefs selbst, die entscheiden.

3.11 Der chinesische Alltag

Die chinesische Arbeitsethik

In chinesischen Firmen wird Qualitätskontrolle nicht sehr groß geschrieben. Die Chinesen haben oftmals das Gefühl, dass Ausländer die Qualitätsanforderung überbewerten und sich unnötig aufregen. Die chinesische Einstellung, „es wird schon gut genug sein", behindert den internationalen Handel mit China. Nicht genug damit, dass sich die chinesischen Arbeiter und Manager nicht ausreichend um gute Qualität bemühen, sie machen auch keine Anstrengungen, dazuzulernen und die Forderung nach höherer Qualität aus dem Westen zu verstehen.

Der Verdienst

In China erhalten die fest angestellten Chinesen meist ungefähr Brutto für Netto. Die Unterschiede sind nicht sehr groß und die Gehaltsstufen sind meist bekannt. In Deutschland ist es bekanntlich anders. Hier werden Bruttogehälter ausgezahlt, von denen dann Steuern und

Versicherungen bezahlt werden müssen. Zudem sind für Chinesen die Mieten billig, weil die Häuser dem Staat gehören und dieser 50 % davon bezahlt. Früher war es nur schwer möglich, sich Wohnungen zu kaufen; dies hat sich allerdings in letzter Zeit verändert.

Der Chinese ist oft daran interessiert, zu wissen, wie sein Verdienst im Vergleich zu dem eines westlichen Geschäftsmannes zu bewerten ist. Sollten Sie eine solche Frage gestellt bekommen, so können Sie ehrlich antworten und den Nettoverdienst nennen. Wenn Sie den Bruttoverdienst nennen, sollten Sie dabei Ihre Abzüge erwähnen.

In China gibt es bereits sehr viele kleine Privatunternehmer, die auf solche Fragen aus dem Westen sehr ungenaue Antworten auf Gehaltsfragen geben, da sich das Einkommen erheblich von den Gehältern fest angestellter Chinesen unterscheiden kann. Als deutscher Geschäftsmann können Sie das Gleiche tun, ohne dass es übel genommen wird, wenn Ihnen solche Gehaltsfragen unangenehm sind.

Pünktlichkeit

Erscheinen Sie pünktlich, d. h. nicht zu früh und nicht zu spät, zu geschäftlichen Terminen aller Art, z. B. Geschäftsterminen, Konferenzen, Restaurantterminen. Die Chinesen sind sehr aufgebracht, geben aber nur durch Andeutungen zu verstehen, dass sie ärgerlich und enttäuscht sind, wenn vereinbarte Termine nicht eingehalten werden. Oft haben sie ihre Zeit ebenso verplant wie der deutsche Geschäftsmann.

Beispiel

Pünktlichkeit

Als ich bei einem chinesischen Geschäftspartner anrief, ich käme 30 Minuten später, sagte er „o. k.", obwohl ich hinterher durch seine Andeutungen erfuhr, welchen wichtigen Termin er deswegen ausfallen lassen musste und wie ärgerlich und enttäuscht er deswegen war.

Privat gibt sich der Chinese gelassener. Der Chinese findet es unangemessen, zu privaten Terminen pünktlich zu erscheinen. Je größer die Gruppe eingeladener Personen ist, desto unpünktlicher kann der einzelne Besucher sein (ca. zehn Minuten bis eine Stunde Verspätung).

Telefonieren

Telefonverbindungen ins Ausland werden über Satellit geschaltet und sind nach internationalem Maßstab sehr gut.

Ein Telefongespräch unter Chinesen läuft im Vergleich zu Deutschland recht brutal ab. Der Angerufene meldet sich nicht mit Namen, sondern mit „Wei!" Der Anrufer verweigert ebenso den Namen, fragt aber kurz angebunden nach der gewünschten Person. Ist die Person nicht anwesend, wird mit „nicht da" geantwortet und aufgelegt, oder erst danach gefragt, wer man ist, woher man kommt, von welcher Firma, welchem Land usw., ehe die gewünschte Person geholt wird. Wenn die Person nicht anwesend ist, äußern Sie den Wunsch, eine Nachricht hinterlegen oder etwas ausrichten zu dürfen. Mit viel Glück erwischen Sie einen verständnisvollen Gesprächspartner, doch meistens wird der Wunsch abgelehnt.

Bitte beachten Sie beim Telefonieren in die Zeitzone China den Zeitunterschied von plus sieben Stunden zur MEZ (mitteleuropäische Zeit) im Winter. Im Sommer

sind es nur sechs Stunden (Sommerzeit), da in China die Uhren nicht umgestellt werden.
Die meisten Chinesen und Westler in China haben einen Festnetzanschluss zu hause fuer das Internet, ein Mobiles Telefon und ein Festnetz im Buero. Lassen Sie sich eine Visitenkarte geben und Sie haben alle Daten.

3.12 Die Gastfreundschaft und das Essen

Überall in der Welt, wo Chinesen Geschäfte abwickeln wollen, finden wichtige geschäftliche Verhandlungen am Esstisch statt. Essen ist eine der größten Leidenschaften der Chinesen. In China hat man die Gelegenheit, die verschiedenen regionalen Spezialitäten des Landes in der originalen Zubereitung kennen zu lernen. Diese regionalen Spezialitäten werden durch die landschaftlichen Verschiedenheiten Chinas geprägt.

In der nördlichen Beijing-Küche werden vorwiegend deftige Speisen zubereitet. Reisgerichte findet man kaum, dafür vielfältige Nudel- und Gemüsegerichte. Sehr beliebt ist die berühmte Beijing-Ente. In der westöstlichen Shanghai- und Sichuan-Küche steht die Zubereitung scharf gewürzter Speisen und süßsaurer Gerichte im Mittelpunkt. In der südlichen Kanton-Küche überrascht die Vielfalt der Gerichte, bedingt durch den großen Reichtum an Gemüse und Obst. Viele Gerichte werden frittiert; eine besonders schonende Art des Garens ist die Technik des „Pfannenrühren-Bratens" im Wok.

Beste regionale Küche wird in kleinen Restaurants oder auf der Straße von Straßenhändlern angeboten. Allerdings entsprechen die hygienischen Bedingungen nicht dem deutschen Standard; ein robuster Verdauungsapparat ist erforderlich. In Deutschland ist das chinesische Essen (meist südliche Kanton-Küche) dem deutschen Geschmack angepasst.

Bild 4: *Wein hebt die Stimmung*

WAS ICH UNBEDINGT BEACHTEN SOLLTE

Eine Essenseinladung bedeutet in China zugleich Freundschaft. Gastfreundschaft geht den Chinesen über alles.

Nicht zum Essen eingeladen zu sein gilt als Beleidigung und Freundschaftsbruch.

Das Essen dient dem Vergnügen, deshalb geht es in chinesischen Restaurants recht laut zu. Beim Essen werden die besten Beziehungen geknüpft, aber auch bestehende verbessert.

Großzügigkeit

Der chinesische Gastgeber will seine Großzügigkeit beweisen. Er wird deshalb immer mehr Gerichte bereitstellen (zu Hause oder im Restaurant), als nach menschlichem Ermessen verspeist werden kann.

Ist der Teller des Gastes leer gegessen, wird automatisch nachgefüllt, um nicht als unhöflich oder geizig zu gelten. Lassen Sie einfach etwas auf dem Teller übrig, wenn Sie satt sind. In ärmeren Familien ist es aber üblich, die Teller leer zu essen, damit nichts verschwendet wird. Der Gast sollte das zu unterscheiden wissen.

Restaurants

In einfachen Restaurants werden das Essen, das Geschirr und ein Behälter für die Abfälle auf die blanke Tischplatte gestellt. Die Platte ist nach dem Essen schnell sauber gewischt.

In besseren Restaurants findet man immer eine saubere Tischdecke, eine Reisschale und einen Ablageteller für Abfall vor.

Da Tischplatte und Tischdecke als unsauber gelten, wird das Essen, das einmal aus Versehen auf den Tisch fallen sollte, nicht wieder aufgehoben. Wer es dennoch macht, gilt als unhygienisch, gierig oder sehr hungrig.

Das Benehmen bei Tisch

In China werden Sie zum chinesischen Essen eingeladen oder Sie laden Ihre Geschäftspartner zu sich in Ihr Hotelrestaurant ein. Sobald das Essen aufgetragen wird, hat der Gastgeber dafür Sorge zu tragen, dass der Gast immer etwas auf dem Teller hat und schon essen kann, bevor der Gastgeber selbst zugreift. Chinesen warten darauf, bedient zu werden.

Wenn Sie mit Chinesen essen und trinken, gehört es ebenfalls zum guten Ton, Ihren Tischnachbarn mit einzubeziehen. Bevor Sie sich zum Trinken etwas einschenken, sollten Sie Ihren linken und rechten Nachbarn fragen, ob auch er etwas trinken möchte, bevor Sie sich selbst einschenken.

Die gleiche Prozedur gilt beim Rauchen. Wenn Sie eine Zigarette aus Ihrer Packung ziehen, müssen Sie Ihren Nachbarn fragen, ob er auch eine Zigarette mitrauchen möchte, bevor Sie sich selbst eine anstecken. Anschließend müssen Sie die Packung zur Benutzung für alle auf den Tisch legen.

Sollte Sie eine Erkältung plagen, empfiehlt es sich, zum Abhusten bzw. Schneuzen die Toilette aufzusuchen; besonders das Schneuzen gilt unter Chinesen als barbarisch.

Spucken, Schmatzen, Aufstoßen und Rülpsen gehörte in manchen Teilen Chinas zum Standardbenehmen. In der heutigen Zeit wird dies aber von keinem Chinesen mehr gern gesehen.

Anders ist es beim Schlürfen. Es ist schier unmöglich, heißen Tee oder eine Suppe zu trinken, ohne zu schlürfen. Werden Zahnstocher gereicht, sollte beim Zahnstochern die linke Hand vor den Mund gehalten und sollten die Speisereste nicht auf den Boden oder Teppich gespuckt werden. Dies gehört zum guten Ton, obwohl sich wenige daran halten.

Bild 5: Mit Essstäbchen umzugehen will gelernt sein

Essstäbchen, Tischmanieren

In China wird überall mit Essstäbchen gegessen. Lediglich in größeren Hotels kann auch das westliche Besteck gewählt werden. Wer nicht mit Essstäbchen essen kann oder möchte, sollte sein eigenes Besteck nach China mitbringen. Da in China noch nicht überall Einweg-Stäbchen verwendet werden, sollten auch hier die eigenen Stäbchen mitgebracht werden. Ansonsten besteht die Gefahr, sich beispielsweise mit Hepatitis zu infizieren.

Der beiliegende Porzellanlöffel dient dem Schlürfen der Suppe, die entweder mit dem Hauptgericht oder erst zum Schluss der Mahlzeit gereicht wird.

Servietten kennt der Chinese nicht. Beim Festessen werden häufig heiße, feuchte Tücher gereicht.

Das Essen

In der Mitte des Esstisches befindet sich ein Drehtablett, auf dem die Speisen stehen. Von da aus kann sich jeder selbst bedienen. Bis zu 15 Personen können so essen und sich Auge in Auge unterhalten. Als Faustregel gilt: Es werden so viele Gänge aufgetragen, wie Personen am Tisch sitzen.

In chinesischen Restaurants bestellt zwar jeder Gast eine Speise nach seinem Geschmack, aber alle Anwesenden können sich von jedem Gericht bedienen. Als sehr praktisch erweist sich hier das Drehtablett. Eine Ausnahme bilden Festessen mit einer reichhaltigen Menüfolge.

Gerichte, die ärmlich oder geizig erscheinen könnten, werden nicht angeboten, es sei denn, der Gast wünscht ausdrücklich ein bestimmtes Gemüse- oder Tofugericht. Die Hauptgänge bestehen meistens aus Fisch, Schalentieren, Fleisch oder Geflügel. Vorspeisen, Hauptspeisen und der Nachtisch werden stets in gerader Zahl serviert. Sie werden in einer Schüssel auf den Tisch gestellt, man isst gemeinsam daraus.

Der Reis wird zum Schluss gereicht, um nicht den Eindruck zu erwecken, die Gäste sollten mit Reis abgespeist werden, damit an den anderen Speisen gespart werden könne.

Es gehört zum guten Ton, die Schale mit Reis anzuheben und nahe dem Mund mit den Stäbchen den Reis zu essen. Ebenso ist es Sitte, die Speisen in kleinen Portionen auf einen der gedeckten kleinen Teller zu legen, bevor man mit dem Essen beginnt.

Das Essen mit den zwei Stäbchen will gelernt und geübt sein. Dabei wird ein Stäbchen fest zwischen Ringfinger und unterer Daumenhälfte eingeklemmt. Das andere Stäbchen wird durch Daumen und Mittelfingerkuppe beweglich gehalten.

Der Ehrengast sitzt dem Gastgeber gegenüber; in einer privaten kleinen Runde nimmt der Gastgeber den rechten Platz neben dem Ehrengast ein. Die Ehefrauen sitzen immer rechts neben ihren Männern.

Gehen Sie davon aus, dass sich auch im privaten Kreis die Vielfalt der angebotenen Speisen mit der eines Spitzenrestaurants messen kann.

Der Gastgeber fordert die Gäste mit dem Wort „qing" („bitte") oder „man chi" (im übertragenen Sinne „guten Appetit") auf, mit dem Essen zu beginnen. Dabei warten alle auf den Ehrengast. Wenn dieser mit dem Essen begonnen hat, beginnen die anderen auch.

Anschließend gehört es zum guten Ton, einige Höflichkeitsfloskeln auszutauschen. Der Gastgeber wird versichern, es habe sich um ein bescheidenes Mahl gehandelt. Seine Ehefrau wird ihm beipflichten. Die Gäste protestieren höflich.

Im privaten Kreis beginnt ein Essen oft ohne die Anwesenheit der Ehefrau, die sich in der Küche um die Zubereitung der Speisen kümmert, die dem Gast so frisch wie möglich angeboten werden.

Es gehört zum guten Ton, dass der Ehrengast wartet, bis der Gastgeber ihm ein paar auserlesene Stücke auf die Schale oder auf den Teller legt. Auch alle anderen Gäste bedienen zuerst die links und rechts neben ihnen sitzenden Personen, erst dann sich selbst. Das gilt für alle Speisen und alle Getränke.

Während des Festmahls sollte der Gast Zurückhaltung üben.

Trinken

Nach der Begrüßung wird der Gastgeber zunächst auf die bevorstehende oder aber bereits erfolgreich abgeschlossene Zusammenarbeit hinweisen. Danach prostet man sich zu. In China werden die Gläser randvoll eingeschenkt, beim halbvollen Glas wird bereits nachgeschenkt. Der Gastgeber will so seine Großzügigkeit zeigen. Bei alkoholischen Getränken ist daher eine gewisse Vorsicht und Zurückhaltung geboten. Der Gastgeber fordert zudem seine Gäste ununterbrochen auf, zu trinken. Er ruft „ganbei". Das bedeutet „leere dein Glas" und gehört zum guten Ton.

Sollte ein Gast keinen Alkohol mögen, kann er auf eine Alkoholallergie hinweisen. Er wird auf Verständnis stoßen, denn Alkoholallergien kommen in Asien häufiger vor als im Westen.

Unter Umständen kann man auch mogeln – mit Tee im Weinglas.

Es wird vom Gast erwartet, dass er sich entweder im Anschluss an die Rede des Gastgebers oder nach Beendigung des Mahles für die Einladung bedankt.

Die Rechnung und das Bezahlen

Um als deutscher Geschäftsmann in China nicht unangenehm aufzufallen, sollte man beim Bezahlen von Speisen und Getränken unbedingt Folgendes wissen: In China gilt getrenntes Zahlen als kleinlich und schafft eine unangenehme Basis für Geschäfte. Im Gegensatz zu Deutschland gehört es in China zum guten Ton, einen verbalen Kampf um die Übernahme der Rechnung auszutragen. Wenn vor dem Geschäftsessen oder in der Hotelbar nicht ausdrücklich eine Einladung ausgesprochen wurde, sollte es für denjenigen mit dem höchsten Einkommen selbstverständlich sein, die Rechnung zu bezahlen. Die Chinesen gehen davon aus, dass die westlichen Geschäftsleute mehr verdienen als sie, dennoch werden sie nach Begleichung der Rechnung verbal bemüht sein, zu versichern, dass sie auch selbst die Bezahlung übernommen hätten.

Dabei gehen Sie so vor, dass Sie vor dem Ende des Essens unter einem Vorwand vom Tisch aufstehen und am Tresen bezahlen.

Erfolgt die Bezahlung bei Tisch, wird die Kreditkarte unter die Rechnung geschoben.

Es wird genau Buch darüber geführt, wer bereits Rechnungen übernommen hat und wer nicht.

Wer meint, diesmal mit dem Bezahlen an der Reihe zu sein, sollte dieses Vorhaben unbedingt durchsetzen. Nachzugeben wäre ein schwerwiegender Fehler.

Offiziell dürfen Kellner und andere Bedienstete keine Trinkgelder annehmen. Im Bereich der Touristik, in Hotels und Restaurants wird es jedoch meistens erwartet.

Bild 6: Beim Karaoke-Singen sollte der Westler ein Lied mit englischem Untertitel verlangen, wenn er kein Chinesisch beherrscht oder den Text nicht auswendig singen kann

Nach dem Essen

Direkt nach dem letzten Gang und dem abschließenden Tee wird man sich im Restaurant erheben und gehen.

83

Der Gastgeber hat sich vorher nochmals bedankt und danach die Gäste hinausbegleitet. Findet das Essen im privaten Kreis statt, wird nach der Beendigung des Menüs das Esszimmer verlassen und der abschließende Tee im Wohnzimmer getrunken. Alle helfen beim Abräumen und Abwaschen mit, damit der Abend später gemeinsam fortgesetzt werden kann. Man unterhält sich, tauscht Informationen aus oder spielt Karten. Beliebt ist das Gesellschaftsspiel Majiang, besonders in Hongkong und Südostasien. Auch das Karaoke-Singen ist beliebt.

3.13 Geschenke

Bei den Chinesen hat der materielle Wert eines Geschenks eine außerordentlich große Bedeutung. Der Chinese oder der nach China reisende Geschäftsmann schenkt mit der Überlegung, dass das dem Geschäftspartner zugedachte Präsent dem Schenkenden selbst zum Vorteil dienen könnte. Mit dem Wert des Geschenks wird auch die Achtung dem Geschäftspartner gegenüber ausgedrückt. Der Wert des Geschenks sollte dem Anlass entsprechend weder zu hoch noch zu niedrig angesetzt sein. Ein teures Geschenk bringt den Gastgeber in Verlegenheit, ein billiges beleidigt.

Mondkuchen, Raritäten (z. B. bester Tee, Fachliteratur), Elektrogeräte oder kulinarische Spezialitäten werden bevorzugt höheren Beamten und Vorgesetzten geschenkt.

An festlichen Tagen, wie z. B. dem Neujahrsfest, wird auch Geld verschenkt. In kleine rote Tüten verpackt, kann es bei Hochzeiten bis zu einem halben Monatsgehalt betragen.

In China werden „runde" Geburtstage normalerweise erst ab dem 40. Geburtstag gefeiert. Man serviert zum Festessen lange Nudeln und schenkt dem Geburtstagskind Pfirsiche. Beides sind Symbole für ein langes Leben.

Es ist erlaubt, das Geschenk weiterzuverschenken. Um nicht gierig zu wirken, darf das eingepackte Geschenk erst dann geöffnet werden, wenn alle Gäste gegangen sind. Haben Sie ein besonderes Geschenk erhalten, so bitten Sie ausdrücklich um die Erlaubnis, das Geschenk zu öffnen, damit es gemeinsam bewundert werden kann. Der Chinese legt keinen großen Wert auf hübsch eingepackte Geschenke. Sinnvoll sind Geschenke, die aus dem Unternehmen des Schenkenden stammen oder als typisches Produkt seiner Stadt oder seines Landes gelten. Ausländische Zigaretten und Spirituosen sind ebenfalls sehr beliebt. Blumengeschenke sind nicht üblich.

Bild 7: Ein offiziell überreichtes Geschenk erhält die Freundschaft

WAS ICH UNBEDINGT BEACHTEN SOLLTE

Chinesische Geschäftspartner sehen es zusehends als selbstverständlich an, Geschenke von hohem Wert zu erhalten. Beispielsweise werden bereits Einladungen der ausländischen Partnern in deren Land ab einem Auftragsvolumen von weniger als 1,0 Mio. Euro als selbstverständlich erwartet. Eine Gewähr für einen erfolgreichen Geschäftsabschluss gibt es hierfür jedoch noch nicht. Diese allzeit bekannten Geschäftspraktiken müssen jedoch diskret abgewickelt werden, insbesondere gegenüber Personen aus öffentlichen Ämtern, damit die Regierung keine Angriffspunkte hat, dem Geber die weitere Geschäftstätigkeit in China zu erschweren. Hierzu ist Fingerspitzengefühl notwendig, im jeweiligen Fall den richtigen Weg zu wählen, was nur im jahrelangen Umgang mit chinesischen Geschäftspartnern erworben werden kann [1].

3.14 Erfolgreich verhandeln und verkaufen

Nachstehend werden einige grundsätzliche Fragen von chinesischen Geschäftsleuten aus deren Sicht beantwortet. Meine Empfehlung für den deutschen Manager ist es, sich bei seinen Geschäftskontakten daran zu orientieren.

▶ Hou tai – Wer ist wer? An welchen Statussymbolen und hierarchischen Signalen ist zu erkennen, wer die eigentlichen Entscheidungsträger sind?

Hou tai („jemand hinter dir versteckt") ist nicht mehr so bedeutend wie früher. Die Beziehung zur Partei und den Behörden ist für private Geschäftsleute nicht mehr ganz so wichtig. Die Chefs treffen die Entscheidungen; sie agieren zwar nicht versteckt im Hintergrund, sitzen aber immer in einem eigenen, separaten Raum. Termine können jederzeit über das Sekretariat vereinbart werden, das Gleiche gilt für Behörden. Man kann direkt dorthin gehen und nach der zuständigen Person fragen.

▶ Wie arbeitet der chinesische Manager? Treibt er vor der Arbeit Sport? Macht er viele

Arbeitspausen? Geht er pünktlich in Meetings? Gibt es eine Agenda (Aufstellung der Tagesordnungspunkte) für die Meetings?

Ein chinesischer Manager treibt höchstens abends Sport, so geht er z. B. zum Bowling oder zum Schwimmen. Auch nach Feierabend telefoniert er mit seinen Mitarbeitern über Handy, Pager oder Telefon, um aktuelle Themen zu erörtern. Tagsüber macht er viele Pausen und arbeitet nicht so viel wie die Deutschen. Meetings beginnen grundsätzlich sehr pünktlich. Um eine Besprechung effizient durchführen zu können, wird vorher eine Agenda festgelegt.

▶ Wer leitet die Konferenzen? Wird mit PC, Overheadprojektor oder Flipchart präsentiert? Gibt es eine Sitzordnung?

In einem Familienunternehmen mit ca. 300 Arbeitern und Angestellten versucht der Chef immer, bei den Konferenzen anwesend zu sein und sie selbst zu leiten. Zu diesen Besprechungen gibt es nur Schreibblocks und sonst keine weiteren Hilfsmittel. Die modernen westlichen Hilfsmittel werden nur in größeren Joint Ventures eingesetzt. Feste Sitzordnungen gibt es nicht, jedoch sollten Gäste warten, bis der Gastgeber ihnen einen Platz zuweist.

▶ Wird direktes oder indirektes Fragen bevorzugt?

Es hat sich bewährt, konkrete Fragen zu stellen. Man erhält so direkt die gewünschten Antworten, ohne lange um den heißen Brei herumreden zu müssen.

▶ Welche Eigenschaften muss ein guter Verhandlungspartner haben?

Bei Verhandlungen braucht man viel Geduld. Von

chinesischer Seite werden keine schnellen Abschlüsse angestrebt und erwartet.

▶ Welcher Verhandlungston führt zum Erfolg? Chinesen treten höflich und selbstsicher auf, sind dabei aber etwas zurückhaltend. Sie sind nicht aggressiv und drängen nicht auf Entscheidungen.

▶ Müssen bei Verhandlungen und Konferenzen Emotionen unterdrückt werden? Bei auftretenden Problemen geht ein Chinese nach folgendem Verhaltensmuster vor: Zunächst bleibt er ganz ruhig, dann versucht er, die Ursache des Problems durch Fragen herauszufinden. Er arbeitet nach dem alten chinesischen Sprichwort: „Ruhe und Freundlichkeit bringen Geld."

Beispiel

Ruhe und Freundlichkeit bringen Geld

Nach Eingang einer Lieferung aus China in Hamburg wurde dort vom deutschen Empfänger reklamiert, das Produkt sei zu klein und entspräche nicht den Normvorschriften. Daraufhin wurde erst einmal ein chinesischer Techniker nach Deutschland geschickt. Dieser untersuchte die Lieferung in Ruhe. Es stellte sich heraus, dass alles in Ordnung war – die Größe entsprach genau den Vorschriften, und der größte Teil der Ware wurde bereits verkauft. Somit hatte der Chinese mit Ruhe und Freundlichkeit alles regeln können.

▶ Worauf legen Chinesen bei Verhandlungen besonderen Wert? Was ist bei Verträgen zwischen Chinesen und Ausländern zu beachten? Für die Chinesen sind Qualität und Preis des Produkts ausschlaggebend sowie günstige Zahlungsbedingungen. Wer in diesen Punkten besser als die Konkurrenz ist, hat gewonnen. Interpretationsmöglichkeiten des Vertrags müssen aufgeführt oder ausgeräumt sein. Die Waren oder Dienstleistungen müssen klassifiziert und genau beschrieben werden. In guten Verträgen sollte ebenfalls geklärt sein, wie, wann und von wem ein eventuell auftretendes Qualitätsproblem zu lösen ist. Die Abläufe bei möglichen Komplikationen müssen beschrieben sein. Natürlich müssen die Lieferklauseln unmissverständlich formuliert sein, eine genaue Benennung des Liefertermins, des Bestimmungshafens und des Empfängers ist besonders wichtig.

▷ Welche Rituale gibt es bei Begrüßung und Abschied von Geschäftspartnern bzw. nach Entscheidungsfindungen?
In China gibt man sich nur zur Begrüßung und zum Abschied die Hand. Wurde ein Abschluss erzielt, geht man gemeinsam zu einem Abschlussessen. Die Chinesen erwarten, dass die Europäer die Gepflogenheiten des Landes akzeptieren und sich danach richten. In Europa passen sich die Chinesen den westlichen Sitten an: Nach Entscheidungen und Abschlüssen wird ein Glas Wein getrunken, und es gibt unter Geschäftsfreunden schon mal Küsse auf die Wange (obwohl Letzteres eher an eine russische Sitte erinnert).

▷ Welche Kleidung ist bei Konferenzen, Präsentationen und Verhandlungen erwünscht?
Bei offiziellen Anlässen tragen Chinesen einen dunklen Anzug. Sind nur Firmenangehörige anwesend, wird keine formelle Kleidung erwartet.

Verhandlungsgrundlagen

Der Chinese verlangt Ehrlichkeit. Er selbst ist oft tolerant und nicht verletzend. Er meint, etwas direkt zu sagen, kann Ärger hervorrufen, deshalb lieber nichts sagen. Er geht oft nach der Regel vor: Reden bringt Unglück,

Schweigen ist Gold. Da alles nach Beziehung aufgebaut ist, hält selbst der Chinese die Verhaltensregeln für recht kompliziert.

WAS ICH UNBEDINGT BEACHTEN SOLLTE

Wie können Sie am besten mit den chinesischen Verhaltensweisen umgehen? Hier ein Vorschlag:

▶ Vermeiden Sie arrogantes Verhalten; es würde von Ihren Geschäftspartnern als Kränkung und Beleidigung empfunden werden und damit geschäftliche Erfolge verhindern.

▶ Bleiben Sie höflich, aber bestimmt; werden Sie niemals laut.

▶ Akzeptieren Sie, dass es noch andere Sichtweisen der Dinge gibt als Ihre eigenen. Versuchen Sie, die Mentalität der Chinesen und ihre Schwierigkeiten zu verstehen.

▶ Loben Sie überschwänglich, wenn Ihnen etwas gefällt. Scheuen Sie sich nicht, leidenschaftlich und höflich Ihrem Geschäftspartner Honig um den Mund zu schmieren. Chinesen machen es ebenso und nennen es „süßer Mund".

▶ Zeigen Sie sich großzügig gegenüber Ihren chinesischen Geschäftspartnern, um Ihre persönliche Wertschätzung auszudrücken.

▶ Lassen Sie Ihre Geschäftspartner ausreden, unterbrechen Sie nicht.

▶ Behalten Sie Geduld und Übersicht, bleiben Sie in allen Situationen ruhig und reagieren Sie flexibel.

▶ Chinesen wollen unter keinen Umständen ihr Gesicht verlieren. Deshalb sollten Sie Ihren Geschäftspartner nie in die Enge treiben, auch wenn Sie es könnten.

▶   Ab der Zahl 10.000 verwenden die Chinesen ein anderes Zahlensystem. Schreiben Sie deshalb die diskutierten oder vereinbarten Zahlen für jedermann sichtbar auf Flipchart oder Overheadprojektor, um Missverständnissen vorzubeugen.

▶   Vielfach werden bei Verhandlungen keine klaren Entscheidungen und Aussagen getroffen, die chinesischen Geschäftspartner wollen zunächst Rücksprache halten.

▶   Chinesen sind stolz auf ihre Zurückhaltung im Umgang mit westlichen Geschäftsleuten. Chinesen, die wenig Kontakt zu westlichen Geschäftsleuten pflegen, haben das Vorurteil des naiven (tian zhen) Westlers. Diese Einstellung zeugt von einem Selbstwertgefühl, das Geschäfte in China zu einer mühsamen und zeitraubenden Angelegenheit werden lässt. Geduld und Hartnäckigkeit sind erforderlich. Um dennoch keine Zeit zu verlieren, sollten Sie rasch und direkt zu den wirklichen Entscheidungsträgern vordringen.

▶   Stärken Sie die Position Ihres chinesischen Gesprächspartners, des Entscheidungsträgers. Er wird sich revanchieren und Ihr Anliegen fördern.

▶   Die Chinesen haben Vertrauen in die Sachkompetenz eines westlichen Geschäftspartners.

▶   Bei Verhandlungen sollten Sie immer die Beweggründe Ihres chinesischen Partners herausfinden. Was erwartet er von Ihnen? Möchte er viel Geld verdienen oder nur einen günstigen Vertrag aushandeln, um befördert zu werden und sich somit ein höheres Ansehen verschaffen? Vielleicht soll auch nur sein ältester Sohn auf Ihre

Kosten an einer renommierten westlichen Universität studieren?

Vorstellung und Begrüßung

Zuerst begrüßt man sich mit „Ni hao!" oder „Nin hao!" („Guten Tag!"), dann folgt meist „Huan Ying ni/nin lay" („Du bist/Sie sind willkommen"). Leute ohne tiefgehende Beziehung schütteln sich dabei die Hände. Dabei wird die ranghöchste Person oder bei Gleichgestellten der Nächststehende zuerst begrüßt, egal ob Mann oder Frau. Das Verbeugen gehört der Vergangenheit an. Menschen mit tiefer Beziehung schütteln keine Hände, stattdessen umarmen sie sich.

Bei den Visitenkarten gibt es keine so speziellen Förmlichkeiten wie z. B. in Japan. Eine Regel sollten Sie dennoch beherzigen: Die Visitenkarten werden in China mit beiden Händen überreicht, wenn man besonders höflich sein will, sonst genügt eine Hand.

92

Bild 8: *Verhandlungen mit chinesischen Delegationen können sehr lange dauern*

Verträge und Vertrauen

In China haben Verträge eine andere Bedeutung als in Deutschland. Sie können bei Chinesen durch die Schilderung Ihres persönlichen Problems ohne weiteres Einfluss auf die Vertragsverhandlungen nehmen, da ein chinesischer Vertrag für Chinesen jederzeit abänderbar ist. Ein Vertrag ist ein Protokoll über die Aufgaben und Zuständigkeiten der Vertragspartner, nicht mehr und nicht weniger. Taucht nach Vertragsunterzeichnung ein Problem auf, so wird es ausdiskutiert, ohne Rechtsanwälte damit zu belästigen. Somit ist es nicht verwunderlich, dass in Verträgen vorzugsweise nur vage Vereinbarungen formuliert werden, die ohne großen Aufwand abgeändert werden können.

Wenn ein deutscher Geschäftsmann einen genau ausformulierten und detaillierten Vertrag wünscht, so bekommt er ihn auch. Allerdings ruft es Kopfschütteln und Unverständnis hervor, warum die menschliche Komponente aus dem Vertrag ausgeschlossen werden soll, da sie doch nur Vorteile bringt. Auch wenn der Vertrag mit viel juristischem Aufwand bis ins kleinste Detail ausgetüftelt worden ist, wird das wenig praktischen Nutzen haben. Die Chinesen werden bei dem kleinsten Problem den Vertrag ändern und neu verhandeln wollen.

Es ist daher dringend zu empfehlen, sich als deutscher Geschäftsmann den chinesischen Gepflogenheiten anzupassen und Verträge mit der menschlichen Komponente, d. h. mit Herz und großem Spielraum, abzuschließen. Das spart nicht nur Zeit und Geld, sondern bildet die Grundlage für persönliche Beziehungen, die für den weiteren Projektverlauf förderlich sind.

Die Anwesenheit von Juristen schadet dann meist mehr, als dass sie nützt. Dürfen Sie aus irgendwelchen Gründen nicht auf Juristen verzichten, müssen Sie dafür sorgen, dass trotzdem Sie die Verhandlungen führen und dabei menschliche Komponenten einfließen lassen können. Der Jurist sollte lediglich den Geist des Vertrags in die Juristensprache übersetzen dürfen. Ihr chinesischer Vertragspartner erwartet, dass Sie persönlich bei Problemen auftreten und kein Jurist hinzugezogen werden muss. Missstimmigkeiten werden somit durch die persönliche Beziehung geregelt.

Gehen Sie grundsätzlich nur realistische Verpflichtungen ein und erfüllen Sie sie mit äußerster Gewissenhaftigkeit, denn mündliche Zusagen sollten genauso verlässlich sein wie ein schriftlicher Vertrag.

Es ist für deutsche Geschäftsleute äußerst wichtig, über die Verhandlungen oder abgeschlossenen Geschäfte Verschwiegenheit zu bewahren. Da Sie mit der chinesischen Kultur nicht vertraut sind, könnten Sie unbeabsichtigt vertrauliche Details preisgeben, wenn Sie Informationen an andere chinesische Geschäftspartner weitergeben.

Alles, was Sie sagen, sollte der Wahrheit entsprechen, aber da niemand gern auf einmal alle Trümpfe aus der Hand gibt, sollten auch Sie Ihre Aussagen auf das für die Verhandlungen Wesentliche beschränken. Wenn Sie Ihre gesamten Pläne offen legen, räumen Sie Ihrem chinesischen Verhandlungspartner Vorteile ein, denn er wird seine weiteren Strategien mit Sicherheit für sich behalten.

Im Verlauf der Verhandlungen werden die Chinesen sich ein genaues Bild davon machen wollen, inwieweit Ihre Firma, Ihr Produkt oder Ihre Dienstleistung ihre Bedürfnisse und die ihres Landes befriedigen kann.

Um die Vertragsverhandlungen zu vereinfachen, sollte man möglichst auf vorhandene Standardverträge zurückgreifen, um die betreffenden Vertragsklauseln zu ändern. Wollen Sie Waren nach China liefern, sollten die entsprechenden Dokumente schnellstmöglich bei den Banken BoC (Bank of China), CITIC (Industrial Bank), Agricultural Bank of China oder Bank of Communications eingehen. Nach Eingang der Dokumente wird bezahlt (z. B. Akkreditiv oder Documents against Payment D/P). Die abgesprochenen Lieferfristen müssen genau eingehalten werden, damit Verzugszahlungen, Vertragsstrafen oder Vertragsannullierungen vermieden werden.

Um Transportschäden und Regressansprüche des Empfängers hinsichtlich Beschädigung, Rostbildung oder Funktionsunfähigkeit zu vermeiden, sollten die Waren in widerstandsfähige Holz- oder Kartonverpackungen eingepackt werden. Zusätzlich sollten klare und unverwischbare Markierungen in englischer und chinesischer Sprache angebracht werden.

Streitfälle sind nur über eine freundschaftliche Einigung zu lösen, damit eine langfristige Entwicklung des Verhältnisses zwischen Käufer und Lieferant nicht abgebrochen werden muss [1].

Die Verhandlungssprache

Meistens sitzen Sie am Verhandlungstisch mit der chinesischen Delegation auf der einen und den deutschen Firmenvertretern auf der anderen Seite. In der Mitte nimmt die hierarchisch höchste Person den Platz ein. In der Ecke sitzen meist Dolmetscher oder diejenigen, die nur aufpassen oder zuhören sollen. Meist können sie Deutsch, so dass vertrauliche Gespräche in Deutsch mitgehört und auch übersetzt und in kurzen Pausen weitererzählt werden. Erzählen Sie einfach unter sich, aber von chinesischer Seite hörbar, einen deutschen Witz. Die Chinesen, die lächeln oder lachen, verstehen Deutsch.

Auch die Chinesen, die Englisch können, benutzen Dolmetscher, um sich auf die Sache konzentrieren zu können und eine gute Verhandlungsposition zu haben. Das Gleiche gilt für Deutsche, die gut Chinesisch oder Englisch sprechen. Sie sollten nie in diesen Sprachen verhandeln, um gleichwertige Gesprächspartner sein zu können.

Zahlungsbedingungen

Da die Chinesen aufgrund ihres chronischen Kapitalmangels sehr preisbewusst sind, spielen die Zahlungsbedingungen bei den Vertragsverhandlungen eine entscheidende Rolle. Man ist bereit, für langfristig günstige Konditionen höhere Preise zu akzeptieren. Bieten Sie daher nach Möglichkeit großzügige Bedingungen an, z. B. eine Finanzierung durch einen zinslosen Kredit mit langer Laufzeit und geringer Anzahlung. Dafür ist der Verkaufspreis natürlich wesentlich höher als bei Barzahlung.

Für Chinesen ist Zeit nicht gleich Geld: Die Zeit ist kostenlos, doch das Material muss gekauft werden. So wird ein chinesisches Unternehmen an Material sparen, dafür aber längere Entwicklungs- und Produktionszeiten in Kauf nehmen, sofern der Geschäftspartner oder der Markt es terminlich zulässt.

Motivation der Mitarbeiter

Bei Verhandlungen sollten Sie sich immer an die obersten Entscheidungsträger wenden. Bei der Projektausführung sollten Sie jedoch direkt mit dem Produktionspersonal, den Meistern und Führungskräften der unteren Ebenen in Kontakt treten, denn viele dieser Mitarbeiter warten darauf, Individualismus und Kreativität zeigen zu können. Sie sollten deshalb chinesische Arbeitskräfte als Ansprechpartner suchen, die sich bewähren möchten. Diese sollten Sie mit geeigneten Leistungsanreizen motivieren, sie werden sich mit Arbeitseifer und Loyalität revanchieren.

Persönliche Beziehungen

Bei Verhandlungen sollten persönliche und geschäftliche Kontakte nicht getrennt werden. Chinesen wünschen sich eine dauerhafte Geschäftsbeziehung. Ihre Eignung für gemeinsame Freizeitaktivitäten wird daher genauso überprüft werden wie die Voraussetzungen für gute geschäftliche Zusammenarbeit. Gehen Sie also mit Ihren Geschäftspartnern gemeinsam essen, spielen Sie zusammen Golf oder Tennis. Seien Sie charmanter, engagierter und einnehmender als Ihre Konkurrenten.

Meditation als Vorbereitung auf die Verhandlungen

In den Geschäftsverhandlungen entstehen Ihnen deutliche Nachteile, wenn Sie sich nicht in den Partner hineinversetzen. Hierzu ist es erforderlich, sich meditativ (d. h. geistig entspannend) auf die bevorstehenden Verhandlungen vorzubereiten. Lehrgänge von Zen-Meistern bieten hier das Rüstzeug für die für Meditationen erforderliche Disziplin. Die Ausbildung erfolgt in mehreren Stufen: Setzen Sie sich Ziele für die bevorstehende Verhandlung, formulieren Sie klar und präzise. Dann versetzen Sie sich in die Lage der einzelnen Teilnehmer. Welche Ziele hat jeder einzelne bzw. welche könnte er haben? Welche Einwände könnte ein Teilnehmer vorbringen? Legen Sie sich Argumente zurecht, die die Einwände entkräften könnten. Werden Sie sich darüber klar, welche Richtung die Verhandlung nehmen soll. Konzentrieren Sie sich nicht nur auf sich selbst und Ihre eigenen Interessen, sondern zeigen Sie wohlwollendes Verständnis für die Zielsetzung Ihrer Partner. Nur so können zufrieden stellende Lösungen erreicht werden.

Versteckte Botschaften

Die chinesische Sprache ist stark situationsabhängig. Äußerungen und Handlungen sowie Mimik und Gestik Ihres chinesischen Partners sind daher stets zu beachten. Aus diesem Grund können auch Übersetzungen aus dem Chinesischen ins Deutsche mangelhaft sein, weil wichtige Dinge unter Umständen nur dem Situationszusammenhang entnommen werden können.

Chinesen bevorzugen eine indirekte Ausdrucksweise, sie sprechen unangenehme und negative Dinge niemals offen aus. Statt „Nein" sagt ein Chinese: „Ich werde sehen, was ich machen kann" oder „Ich werde mein Bestes tun", „Ich werde darüber nachdenken", „Es könnte Schwierigkeiten geben" oder aber „Ich werde es versuchen." Ihr Vorteil besteht darin, dass Sie dann die Möglichkeit haben, nachzuhaken. Sie müssen lediglich den naiven westlichen Geschäftsmann spielen.

Wenn Sie Ihren Geschäftspartner zu Hause besuchen möchten, er dazu jedoch schweigt und lächelt, bringt er damit seine Ablehnung zum Ausdruck. Er würde nie „Nein" sagen oder plötzlich das Thema wechseln, denn das gilt als unhöflich. Beachten Sie deshalb unbedingt: Erteilen Sie in China niemals jemandem eine direkte Absage. „Nein" klingt taktlos und ist beleidigend.

Bitten werden von Chinesen niemals direkt geäußert, sondern nur angedeutet. Man erwartet vom Gesprächspartner genügend Einfühlungsvermögen, jeden Wink und flüchtige Andeutungen zu verstehen und die wahren Wünsche von alleine zu erkennen. Bei westlichen Partnern kommt es so häufig zu Missverständnissen und Verärgerungen, weil ihnen diese Denkweise völlig fremd ist.

Zu Missverständnissen kann auch das typisch chinesische Lächeln führen, das lediglich Höflichkeit und Bescheidenheit ausdrückt. Die deutschen Geschäftspartner können so meist nicht beurteilen, ob ihnen echte Sympathie entgegengebracht wird oder nicht.

Loyalität

An einmal geknüpften Geschäftsbeziehungen wird lange festgehalten. Chinesen sehen sich jedoch ständig nach dem günstigsten Angebot um, geben aber ihren alten Geschäftspartnern die Chance, gleichzuziehen. Bei geschäftlichen Partnerschaften messen die Chinesen dem familiären Hintergrund und dem sozialen Status sehr großen Stellenwert bei.

Geduld

Vermeiden Sie den Eindruck aggressiver Ungeduld, stellen Sie keine Ultimaten. Sie bringen damit Ihren chinesischen Partner in Zugzwang. Er wird dann Ihr Angebot ablehnen, da er fürchtet, sonst sein Gesicht zu verlieren. Sie sollten stattdessen dem Interessenten rücksichtsvoll begegnen und höflich nachfragen, ob noch weitere Informationen benötigt werden, um zu einer endgültigen Entscheidung zu kommen.

Einladungen in den Westen

Reisen in den Westen sind bei Chinesen sehr beliebt. Deshalb sollten Sie stets Verhandlungen am westlichen

Firmensitz vorschlagen. Wird dies nicht akzeptiert, schlagen Sie einen neutralen Ort vor. Es sollte im Westen ein Erholungsort oder ein Ort von großer landschaftlicher Schönheit sein.

Das äußere Erscheinungsbild

Jeder Aspekt Ihrer persönlichen Erscheinung wird vom chinesischen Geschäftspartner zur Kenntnis genommen und beurteilt. Nutzen Sie deshalb jeden kleinen Vorteil: Essen Sie mit Stäbchen, begrüßen Sie auf Chinesisch, tragen Sie einen maßgeschneiderten Anzug und eine Rolex-Uhr.

Reden und Schweigen

In den Augen der Chinesen treten westliche Geschäftsleute zu häufig als stille Beobachter auf, sie beobachten viel und sprechen wenig. Die Chinesen halten sich selbst dagegen für offen und gesprächig, sowohl in privater Gesellschaft als auch im Business. Die deutsche Reserviertheit führt bei den Chinesen zu einem Gefühl des Unbehagens und der Ablehnung. Sie müssen daher über Ihren „deutschen" Schatten springen und sich sehr offen, gut gelaunt und gesprächig zeigen (mit den bereits erwähnten Einschränkungen). So sollten jedoch auf das Erzählen westlicher Witze verzichten. Sie werden nicht verstanden, wirken eventuell sogar beleidigend. Eine Ausnahme ist legitim, wenn Sie in Verhandlungen feststellen wollen, wer von den Chinesen Deutsch versteht. Chinesen haben ihren eigenen Humor. Ebenso sind scherzhafte Neckereien der chinesischen Kultur fremd und werden als Affront empfunden.
Im Gespräch sollten Sie nur leicht verständliche Gedankengänge äußern und diese mit einfachen Worten ausdrücken. Die Chinesen verfügen oft nur über geringe

Englischkenntnisse, sie unterbrechen ein Gespräch jedoch nicht, um nach Wortbedeutungen zu fragen – schon gar nicht vor Kollegen.

Ernstgemeintes Lob und aufrichtige Bewunderung werden gern angenommen; Schmeicheleien sind verpönt und werden leicht entdeckt.

Bitten Sie um Entschuldigung, auch wenn Sie sich nichts vorzuwerfen haben. Es ist tugendhaft, als Erster um Entschuldigung zu bitten. Eine Entschuldigung ist kein Schuldeingeständnis.

Um das chinesische Vorurteil, die Leute aus dem Westen seien alle arrogant, nicht zu bestätigen, sollten Sie sich bemühen, die chinesische Kultur zu verstehen. Akzeptieren Sie die Geschäftspraktiken und stellen Sie keine Vergleiche zu westlichen Kulturen und Geschäftsabläufen an. Stattdessen sollten Sie versuchen, die Landessprache zu erlernen. Sie werden jedoch bei den Einheimischen Misstrauen erwecken, wenn Sie ihre Sprache flüssig sprechen. Belassen Sie es daher bei einfachen Begrüßungsformen, damit zeigen Sie Achtung vor dem Land und seiner Kultur.

Sie sollten jedoch nicht so weit gehen, das Verhalten der Chinesen zu kopieren (ausgenommen ihr strategisches Denken). Ein höflicher deutscher Geschäftsmann mit seinen kleinen Schwächen wird besser aufgenommen als ein arroganter Asien-Experte.

Gefühlsäußerungen

In unangenehmen Situationen versuchen die Chinesen, ihr Unbehagen zu verbergen, indem sie einen höflich distanzierten, lächelnden oder auch ernsten Gesichtsausdruck zeigen. Die Augen verraten allerdings, was in einem Menschen vorgeht, in welcher Verfassung er sich befindet. In China haben Lächeln und Lachen allerdings eine viel größere Bedeutung als in Deutschland.

101

Beides kann ganz unterschiedliche Gefühle ausdrücken. So gibt es ein verächtliches und kaltes Lachen, ein glückliches Lachen, ein zufriedenes Lächeln, ein Lachen aus Verzweiflung, ein höhnisches Lachen und schließlich das Lachen des Tigers, hinter dem sich ein gefährlicher Mensch verbirgt. Das freundliche Lachen beim Zuwinken oder bei der Begrüßung wiederum gehört zum selbstverständlichen höflichen Umgang miteinander.

Besonderheiten der Sitzordnung

Bei einem Geschäftsessen im Restaurant sitzt der Chef möglichst weit entfernt von der Eingangstür. Das Essen wird immer an einem runden Tisch eingenommen, meist in einem kleinen Nebenraum des Restaurants, wenn Öffentlichkeit unerwünscht ist. Beim Essen unter Freunden gibt es keine feste Sitzordnung.

Bedeutung der Farben

Rot ist eine Signalfarbe und steht für alles Gute, Glück und Freude.

Weiß dagegen ist die Farbe der Totenfeiern. Dennoch tragen viele Paare bei der Hochzeit einen weißen Hochzeitsanzug.

Auf die Verwendung der Farbkombination Schwarz und Weiß sollte man verzichten, da sie für Chinesen eine komplexe, unheilvolle Bedeutung hat. Ebenso sollte die Kombination Weiß und Gelb vermieden werden.

Die aktuelle wirtschaftliche Situation

Basis jeder erfolgreichen Verhandlung ist eine persönliche Beziehung. Empfehlenswert ist es, als Chef persönlich bei Verhandlungen zu erscheinen und die Ansprechpartner auf deutscher Seite nicht zu wechseln. Vertragsverhandlungen stellen für Chinesen nur einen

Zwischenschritt einer tiefgehenden Geschäftsbeziehung dar. Ändern sich die Rahmenbedingungen, so muss nachverhandelt werden, um den Vertrag an die geänderte Situation anzupassen. Zu diesen Sitzungen sind dieselben Ansprechpartner notwendig.

WAS ICH UNBEDINGT BEACHTEN SOLLTE

Chinesen stellen inzwischen höchste Ansprüche an Qualität und technischen Standard. Durch den Konkurrenzdruck sind keine großen Gewinnmargen zu erwarten.

Um eine höhere Auslastung ihrer Anlagen zu erreichen, streben Chinesen häufig Kompensationsgeschäfte, Lohn- oder Lizenzfertigung an. Neben der Lieferung von Waren sind die Chinesen an einer weiter gehenden Zusammenarbeit interessiert, z. B. Transfer von technischem oder Management-Know-how, und erwarten Unterstützung bei Vertrieb und Marketing.

Beim Import von technisch anspruchsvollen Anlagen ist ein Vor-Ort-Service erforderlich. Chinesen erwarten z. B. bei einem Maschinenstillstand einen Techniker und Ersatzteile innerhalb kürzester Zeit. Um hohe Lagerhaltungskosten zu vermeiden, sollte Kooperation mit einem Handelshaus oder einem Unternehmen derselben Branche in Erwägung gezogen werden.

Literaturverzeichnis

▶ 1   *Germany Trade and Invest* (2013): Verkaufen in der VR China, Berlin/Bonn: *www.gtai.com*

▶ 7   *Wu, Shu-hsiung, Hoss, Ulrich* (2007): Reisewörterbuch Chinesisch: PONS Verlag

▶ 8   *GEO Special* (2012): China, Hamburg: Gruner + Jahr Verlag

▶ 10   *China* (2013):
  - 1) *http://chinanetz.info/blog/china-panorama/wieviele-einwohner-hat-china-gesamt-provinzen-peking-shanghai-hong-kong-chongqing-etc-2,*
  - 2) *http://www.chinaseite.de/china-reise/china-provinzen*

▶ 22   *Yao Yuanlong; Zhang Ziping*, Beijing (2013): ISTIC (Institut of Scientifc and Technical Information of China), *http://www.istic.ac.cn/English/*

▶ 24   *Burkhard Herbote, 59269* Beckum (2013): *http://www.länderkontakte.de/ volksrepublik-china*

Empfohlene GTEC E-Books & Bücher

YUAN Kang Han
KRUSE Peter

CHINA BUSINESS–
aktuell und kompakt

Karlheinz Zuerl

Modern Business English

For Industrial Engineers

Karlheinz Zuerl

Modern English for the Automotive Industry

Karlheinz Zuerl

Modern English Training for Engineers

47 zukunftsorientierte Einsatzgebiete der Computertechnologien in der Industrie

GTEC (German Technology & Engineering Cooperation)

Karlheinz Zuerl

Modern
English Training
Confidence in Dealing
with Conferences,
Discussions and Speeches

GTEC (German Technology & Engineering Cooperation)

KANGHAN YUAN

Einer der auszog, um reich zu werden

Die Kaiserin von Suzhou

GTEC (German Technology & Engineering Cooperation)

Karlheinz Zuerl

The Myth Magnesium
in the Automotive Industry

Short and to the Point
Practical English for Engineers

GTIN & ISBN-Bestellnummer:
978-3-939366-12-6

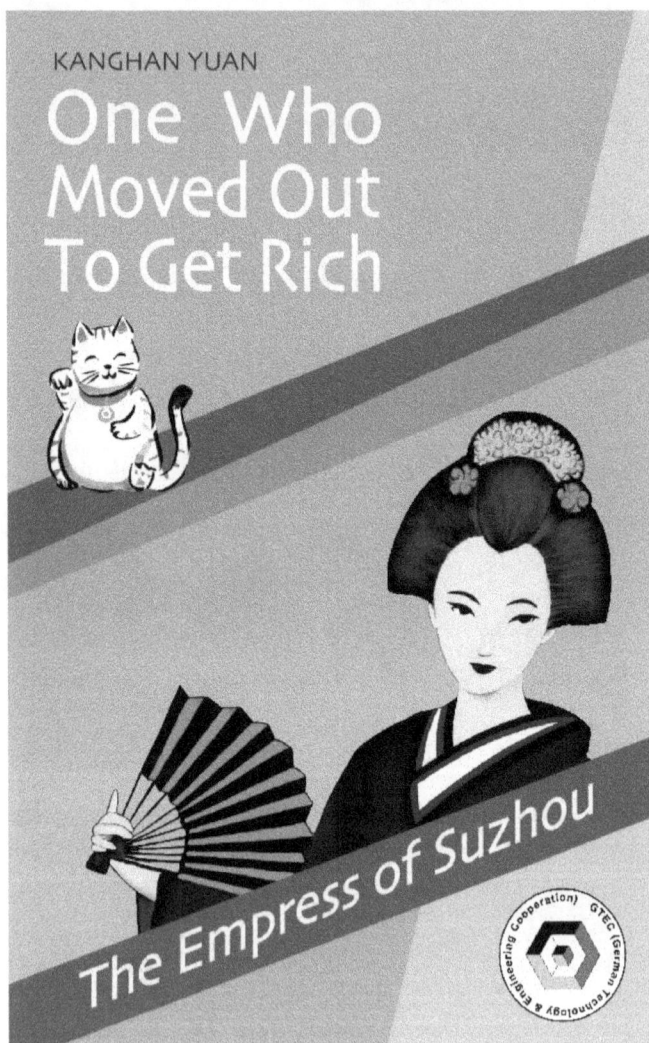

KANGHAN YUAN

One Who
Moved Out
To Get Rich

The Empress of Suzhou